einsgerichtet

die Kunst der Ekstase
und das Leid der Fixierungen

Bücher von Harry Eilenstein

Astrologie

- Astrologie (496 S.)
- Photo-Astrologie (428 S.)
- Horoskop und Seele (120 S.)

Magie

- Handbuch für Zauberlehrlinge (408 S.)
- Tarot (104 S.)
- Physik und Magie (184 S.)
- Die Magie-Formel (156 S.)
- Krafttiere – Tiergöttinnen – Tiertänze (112 S.)
- Schwitzhütten (524 S.)

Meditation

- Der Lebenskraftkörper (230 S.)
- Die Chakren (100 S.)
- Das Chakren-System mit den Nebenchakren (296 S.)
- Meditation (140 S.)
- Drachenfeuer (124 S.)
- Reinkarnation (156 S.)

Kabbala

- Kursus der praktischen Kabbala (150 S.)
- Eltern der Erde (450 S.)
- Blüten des Lebensbaumes:
  - Die Struktur des kabbalistischen Lebensbaumes (370 S.)
  - Der kabbalistische Lebensbaum als Forschungshilfsmittel (580 S.)
  - Der kabbalistische Lebensbaum als spirituelle Landkarte (520 S.)

Religion allgemein

- Muttergöttin und Schamanen (168 S.)
- Göbekli Tepe (472 S.)
- Totempfähle (440 S.)
- Christus (60 S.)
- Dakini (80 S.)

Ägypten

- Hathor und Re 1:
  - Götter und Mythen im Alten Ägypten (432 S.)
  - Ursprünge, Kult und Magie (396 S.)
- Isis (508 S.)

Indogermanen

- Die Entwicklung der indogermanischen Religionen (700 S.)
- Wurzeln und Zweige der indogermanischen Religion (224 S.)

Germanen

- Die Götter der Germanen (Band 1 – 80)
- Odin (300 S.)

Kelten

- Cernunnos (690 S.)
- Der Kessel von Gundestrup (220 S.)
- Der Chiemsee-Kessel (76)

Psychologie

- Über die Freude (100 S.)
- Das Geheimnis des inneren Friedens (252 S.)
- Das Beziehungsmandala (52 S.)
- Von innerer Fülle zu äußerem Gedeihen (52 S.)
- Gefühle und ihre Verwandlungen (404 S.)
- einsgerichtet (S.)
- Die Symbolik der Krankheiten (76 S.)

Kunst

- Herz des Tanzes – Tanz des Herzens (160 S.)

Drama

- König Athelstan (104 S.)

Kontakt: www.HarryEilenstein.de / Harry.Eilenstein@web.de

Herstellung und Verlag: BoD- Books on Demand, Norderstedt   **ISBN:** 9783752841824

„ Tue es oder tue es nicht,
es gibt kein Versuchen. “

Meister Yoda

Inhaltsverzeichnis

I Was ist Ekstase?

„Ekstase" klingt oft ein wenig wie „nicht mehr ganz bei Sinnen sein" oder wie „exotischer Bewußtseinszustand" oder auch einfach wie „verrückt sein".

Bei genauerer Betrachtung der Ekstase zeigt sich jedoch, daß fast jeder diesen Zustand kennt – zum Beispiel den Orgasmus, die Panik oder den Glückszustand beim Joggen.

Allerdings gibt es in unserer Kultur keine klaren Begriffen und keine umfassenden und tiefergehenden Vorstellungen zur Ekstase und schon gar kein allgemeines Konzept dazu oder gar konkrete Anleitungen, wie man eine Ekstase erlangen kann.

Die Ekstase ist sozusagen ein „blinder Fleck" in unserer Vorstellung über das Bewußtsein. Das Wachbewußtsein ist gut bekannt, über die Träume wissen die meisten Menschen auch noch ein bißchen, daß es auch den Tiefschlaf gibt und daß dieser sehr erholsam ist, ist ebenfalls noch mehr oder weniger ein Allgemeinwissen – aber Ekstase?

Das Wort „Ekstase" bedeutet „hinaustreten" und das ihm inhaltlich nah verwandte Wort „Trance" bedeutet „hinüber". Offenbar geht man bei der Ekstase in einen anderen Zustand über oder zu einem anderen Ort.

Es könnte durchaus auch die Astralreise gemeint sein, also das Verlassen des eigenen Körpers durch den „Astralkörper" (Lebenskraftkörper). Dabei befindet sich der Betreffende mit seinem Bewußtsein und mit seinen Wahrnehmungsfähigkeiten außerhalb seines physischen Leibes und erlebt sich oft als über sich selber schwebend. In diesem Zustand kann er an jeden beliebigen Ort „fliegen".

Die Ekstase und die Trance scheinen also etwas zu beschreiben, was sehr beeindruckend ist und das man als etwas Neues und als etwas grundsätzlich anderes als den Normalzustand eines Menschen erlebt.

Es könnte also bereichernd sein, diesen Zustand einmal näher zu untersuchen. Dafür spricht schon, daß der Orgasmus eine Form der Ekstase ist – wenn es noch weitere derartig angenehme Zustände geben sollte, möchte man sie ja eigentlich nicht verpassen ...

II   Die vier Bewußtseinsarten

Es gibt vier grundlegende Arten des Bewußtseins, die sich auch mithilfe eines EEGs deutlich voneinander unterscheiden lassen, da sie eine verschiedene Frequenz der Hirnströme aufweisen. Diese vier Bewußtseinsformen haben auch vier verschiedene Qualitäten und Aufgaben.

die vier Bewußtseinsarten				
Eigenschaften	*Bewußtseinsart*			
	Tiefschlaf	*Traum*	*Wachen*	*Ekstase*
EEG-Frequenz	2-4Hz	4-8Hz	8-16Hz	16-32Hz
Ausrichtung	Rückkehr zur Mitte	alle Bewußt-seinsinhalte	die in der Situation wichtigen Dinge	einsgerichtet auf ein einziges Ding
Funktion	Quelle der Psyche	Übersicht	Verhalten in der Welt	Bündelung des Bewußtseins

Die Meditation ist in gewisser Weise das sensible Handwerk und die präzise Kunst der Koordination dieser vier Bewußtseinsarten. Bei einer Traumreise oder einer bildhaften Meditation wird z.B. das Wachbewußtsein mit dem Traumbewußtsein koordiniert; bei der Kundalini-Meditation wird das Wachbewußtsein mit der Ekstase koordiniert; bei der Herzmeditation wird das Wachbewußtsein mit dem Tiefschlaf koordiniert usw.

Diese Koordination kann man sich als ein Aufeinandereinstimmen der verschiedenen Frequenzen der vier Bewußtseinsformen vorstellen – im Normalbewußtsein laufen sie in verschiedenen Takten nebeneinanderher, während sie in der Meditation alle in demselben Takt schwingen.

Koordination der Bewußtseins-Takte (EEG)		
unkoordinierte Bewußtseinsfrequenzen (Normalbewußtsein)		
Tiefschlaf	2- 4Hz	
Traum	4- 8Hz	
Wachen	8-16Hz	
Ekstase	16-32Hz	
koordinierte Bewußtseinsfrequenzen (Meditation)		
Tiefschlaf	2- 4Hz	
Traum	4- 8Hz	
Wachen	8-16Hz	
Ekstase	16-32Hz	

Diese Koordination der innere Vorgänge ist ein wesentliches Element bei der Erzeugung einer Ekstase.

III   Ekstase im Alltag

Die bekannteste Ekstase ist zweifellos der Orgasmus.

An angenehmen Ekstasen ist sonst hauptsächlich noch das „runner's high", also der Glückszustand der Joggers bekannt. Dieser Zustand wird manchmal leicht belächelt als „Euphorie" bezeichnet, wobei assoziiert wird, daß dieses Glück „ja gar nicht echt", sondern nur ein vermeintliches Wohlbefinden ist, daß durch Hormone u.ä. hervorgerufen wird. Wenn man diese Form der Ekstase jedoch kennt, weiß man, welch einen großen Unterschied es im eigenen Leben macht, ob man sie jede Woche mindestens einmal erlebt oder nicht.

Da eine Ekstase im Wesentlichen die Einsgerichtetheit auf ein einziges Thema ist, kann man die Ekstase jedoch auch noch in allerlei anderen Situationen wiederfinden – z.B. bei dem Fußballfan, dessen Mannschaft gerade ein wichtiges Spiel zu verlieren droht oder gerade die Meisterschaft gewonnen hat. Die dabei auftretende Sorge bzw. der dabei auftretende Jubel ist auch einsgerichtet.

Auch das Warten kurz vor dem ersten Treffen mit einem Menschen, in den man verliebt ist, kann eine Einsgerichtetheit hervorrufen.

Neben diesen angenehmen Ekstasen gibt es jedoch auch die unangenehmen Ekstasen, die sich von den angenehmen hauptsächlich durch das unterscheiden, worauf sich der betreffende Mensch gerade ausschließlich konzentriert. Zu diesen Ekstasen gehören z.B. die Panik, ein heftiger Schmerz, die Angst vor einer akuten Bedrohung, der Blick auf den Bohrer des Zahnarztes und ähnliche Dinge.

Manche Ekstasen sind auch eher neutral wie z.B. die Spannung vor dem Startschuss beim 100m-Lauf, der Augenblick vor dem Sprung vom 10m-Brett und ähnliche Situationen. Ebenfalls weitgehend neutral kann die Besessenheit von einem Thema sein wie z.B. bei dem Forscher, der kurz vor dem Durchbruch zu einer Entdeckung steht.

Allerdings haben sehr viele derartige Einsgerichtetheiten ein eher unangenehmes Motiv als Fokus wie z.B. eine Spinnenangst oder die Verlustangst in Bezug auf einen bestimmten Menschen.

Die Einsgerichtetheit kann auch kollektiv auftreten wie z.B. bei gemeinsamen Gebeten, Meditationen oder Tänzen – wo sie jedoch auch zu einem religiösen, politischen, sportlichen oder sonstigen Fanatismus werden kann.

Die Begeisterung ist gewissermaßen eine milde Form der Ekstase – der Betreffende ist hauptsächlich auf eine einzige Sache ausgerichtet, aber nimmt noch immer die Dinge rings um diese eine Sache herum wahr.

Wenn das Wachbewußtsein durch Langeweile oder Unkonzentriertheit weniger fokussiert wird, nähert es sich dem Traumzustand an. Wenn es sich jedoch durch Begeisterung immer mehr auf ein Thema ausrichtet, nähert es sich der Ekstase an.

IV   Die Gefühls-Landkarte

Die möglichen Formen der Ekstase lassen sich auf einer „Gefühls-Landkarte" darstellen. Das Kernstück dieser Landkarte ist der „Weg des Herzens", auf dem sich die Menschen in ihrer eigenen Mitte befinden und sich selber treu sind.

Dieser „Weg des Herzens" hat im Verlauf eines Lebens sieben Phasen – gewissermaßen die sieben Schritte der Biographie auf dem „Weg des Herzens". Diese sieben Schritte kann man wie folgt sehr kurz zusammenfassen:

die sieben Schritte des Lebens				
Phase	*Alter*	*Mensch*	*Qualität*	*Essenz*
orale Phase	0-1 Jahre	Säugling	Geborgenheit	„Ja"
anale Phase	1-3 Jahre	Kleinkind	Stärke	„Nein!"
phallische Phase	3-ca.11 Jahre	Kind	Selbstliebe	„Ich!!!"
genitale Phase	ca. 11-20 Jahre	Jugendlicher	Erforschen	„Du?"
adulte Phase	ca. 20-45 Jahre	Eltern	Verantwortung	„Wir."
tutorale Phase	ca. 45- 70 Jahre	Lehrer	Lehren	„Anderes …"
geronte Phase	ca. über 70 Jahre	Greis	Weisheit	„Alles"

Eine ausführliche Darstellung findet sich in meinem Buch „Die sieben Schritte des Lebens".

Von diesem „Weg des Herzens" zweigen sechs Irrwege ab, die polar zueinander angeordnet sind:

- Wenn die Geborgenheit gestört worden ist, kann der Mensch zu einem Süchtigen (laut nach Nähe o.ä. schreien) oder zu einem Asketen (auf jede Nähe o.ä. verzichten) werden.

- Wenn die Stärke gestört worden ist, kann der Mensch zu einem Täter (lauter, aggressiver Angriff) oder zu einem Opfer (angstvoller Rückzug) werden.

- Wenn die Selbstliebe gestört worden ist, kann der Mensch zu einem Star (laut nach Anerkennung schreien) oder zu einem Fan (auf jede eigene Anerkennung verzichten) werden.

Die Gefühls-Landkarte, die sich aus den sieben Phasen des „Wegs des Herzens" sowie den sechs Möglichkeiten an Irrwegen, die von dem „Weg des Herzens" abweichen, ergibt, sieht wie folgt aus:

Landkarte der Gefühle		
progressiver Irrweg	*Weg des Herzens*	*regressiver Irrweg*
	geronte Phase (Greis): „Alles"	
	↑	
	tutorale Phase (Lehrer): „Anderes …"	
	↑	
	adulte Phase (Eltern): „Wir."	
	↑	
	genitale Phase (Jugendlicher): „Du?"	
	↑	
Star ←	phallische Phase (Kind): „Ich!!!"	→ Fan
	↑	
Täter ←	anale Phase (Kleinkind): „Nein!"	→ Opfer
	↑	
Süchtiger ←	orale Phase (Säugling): „Ja"	→ Asket

Auf dieser Landkarte gibt es sieben grundlegende Arten der Ekstase, wobei man die sechs Ekstasen der sechs Irrwege im allgemeinen eher „Fixierungen" nennt – sie sind sozusagen krankhafte Ekstasen. Diese Fixierungen treten auf, wenn sich die Gefühle auf einem dieser Irrwege, also z.B. die Angst des Opfers, immer weiter steigert.
Diese sieben Grundformen der Ekstase sind:

- die erfüllende Ekstase der Selbstliebe (Weg des Herzens);

- die leidvolle Ekstase der Sucht (Süchtiger),
- die leidvolle Ekstase des Verzichtes (Asket);

- die leidvolle Ekstase der Macht (Täter),
- die leidvolle Ekstase der Angst (Opfer);

13

- die leidvolle Ekstase des Größenwahns (Star),
- die leidvolle Ekstase des Minderwertigkeitsgefühls (Fan).

Diese sieben Grundformen der Ekstase, also diese sieben Themen, auf die man sich einsgerichtet konzentrieren kann bzw. auf die man einsgerichtet fixiert sein kann, entsprechen den sieben Chakren.

Zunächst einmal stellen die sieben Chakren sieben grundlegende Fähigkeiten des Menschen dar. Wenn sich jemand auf den heilen Zustand dieser Chakren konzentriert, kann er die folgenden Grundtypen der Ekstase finden:

- die Ekstase des Herzchakras: Selbstliebe

- die Ekstase des Sonnengeflechts: ungehinderter körperlicher Selbstausdruck
- die Ekstase des Halschakras: ungehinderter sozialer Selbstausdruck

- die Ekstase des Haras: Stärke (innerer Halt, Tanz, Kampf)
- die Ekstase des Dritten Auges: Klarheit (Übersicht, Zusammenhänge)

- die Ekstase des Wurzelchakras: Orgasmus (Kundalini, Erleben, Genießen)
- die Ekstase des Scheitelchakras: Erleuchtung (Geborgenheit in der Welt)

Die beiden Ekstasen des Wurzelchakras und des Scheitelchakras entsprechen der Ekstase der oralen Phase: Erleben und Anteilnehmen – Geborgenheit und Orgasmus.

Die beiden Ekstasen des Haras und des Dritten Auges entsprechen der Ekstase der analen Phase: Abgrenzen und Wollen – Klarheit und Stärke.

Die beiden Ekstasen des Sonnengeflechts und des Halschakras entsprechen der Ekstase der phallischen Phase: Selbstbezogenheit und Selbstausdruck – Selbstliebe und Strahlen.

Die Ekstase des Herzchakras entspricht der Ekstase der genitalen Phase: Selbsterkenntnis – Ruhen in der eigenen Identität.

Der heile Normalzustand ist das Ruhen in der eigenen Mitte, also im eigenen Herzchakra.

Eine Störung des heilen Zustandes ist aus der Sicht der Chakren ein Lebenskraftstau in einem der sechs äußeren Chakren. Dieser Stau führt zu einer Überbetonung der Qualität dieses Chakras, durch die der betreffende Mensch die schwierigen Situationen, in denen er sich sieht, zu bewältigen versucht:

- Der Süchtige versucht durch eine sehr große Lebenskraft-Konzentration im Wurzelchakra, also durch eine Sucht-Ekstase, den Mangel in seinem

Leben zu beseitigen.

- Der Asket versucht durch eine sehr große Lebenskraft-Konzentration im Scheitelchakra, also durch eine Verzicht-Ekstase, den Mangel in seinem Leben zu beseitigen.

- Der Täter versucht durch eine sehr große Lebenskraft-Konzentration im Hara, also durch eine Macht-Ekstase, das Bedrohtsein in seinem Leben zu beseitigen.
- Das Opfer versucht durch eine sehr große Lebenskraft-Konzentration im Dritten Auge, also durch eine Flucht-Ekstase, das Bedrohtsein in seinem Leben zu beseitigen.

- Der Star versucht durch eine sehr große Lebenskraft-Konzentration im Sonnengeflecht, also durch eine Ruhmsucht-Ekstase, die mangelnde Anerkennung in seinem Leben zu beseitigen.
   Der Fan versucht durch eine sehr große Lebenskraft-Konzentration im Halschakra, also durch eine Verehrungs-Ekstase, die mangelnde Anerkennung in seinem Leben zu beseitigen.

Die Landkarte der Gefühle läßt sich nun um die sieben Chakren und um die verschiedenen Grundformen der Ekstase erweitern.

Aus dieser Landkarte ergibt sich, daß sich die Grundformen der Ekstase aus der ausschließlichen Ausrichtung eines Menschen auf eins der Gefühle auf den sieben Stufen des „Wegs des Herzens" oder auf eines der Gefühle in einem der sechs möglichen Abweichungen von diesem mittleren Weg ergeben. Die Ekstasen, die sich auf eins der Gefühle auf dem „Weg des Herzens" konzentrieren, sind angenehm und bereichernd, während die Ekstasen, die sich aus der Konzentration auf eines der Gefühle in den sechs Irrwegen konzentrieren, leidvoll sind.

Die sieben „Ekstasen der Mitte" verbinden zudem den Betreffenden mit sich selber, mit den Menschen und mit der Welt, während die sechs „Ekstasen der Irrwege" den Betreffenden zunehmend isolieren, sodaß er schließlich in seiner Sucht oder seiner Askese, in seiner Macht oder in seiner Angst, in seinem Ruhmstreben oder in seiner Verehrung gefangen ist und jeglichen Kontakt nach außen verliert.

Bei Ekstasen ist es ausgesprochen wichtig, worauf sich die Ekstase bezieht.

Landkarte der Gefühle		
progressiver Irrweg	**Weg des Herzens**	**regressiver Irrweg**
	geronte Phase (Greis): „Alles" *Ekstase der Weisheit*	
	↑	
	tutorale Phase (Lehrer): „Anderes …" *Ekstase der Weite*	
	↑	
	adulte Phase (Eltern): „Wir." *Ekstase der Gemeinschaft*	
	↑	
	genitale Phase (Jugendlicher): „Du?" (Herzchakra) *Ekstase der Liebe*	
	↑	
Star ← (Sonnengeflecht-Stau) *Ekstase des Ruhms*	phallische Phase (Kind): „Ich!!!" (Sonnengeflecht + Halschakra) *Ekstase des Strahlens und der Selbstliebe*	→ Fan (Scheitelchakra-Stau) *Ekstase der Verehrung*
	↑	
Täter ← (Hara-Stau) *Ekstase der Macht*	anale Phase (Kleinkind): „Nein!" (Hara und Drittes Auge) *Ekstase der Stärke und der Klarheit*	→ Opfer (Drittes Auge-Stau) *Ekstase der Angst*
	↑	
Süchtiger ← (Wurzelchakra-Stau) *Ekstase der Sucht*	orale Phase (Säugling): „Ja" (Wurzelchakra + Scheitelchakra) *Ekstase der Geborgenheit und des Orgasmus*	→ Asket (Scheitelchakra-Stau) *Ekstase des Verzichtes*

Diese Landkarte der Gefühle und der sich aus ihnen ergebenden möglichen Grundformen der Ekstase dient nur einem ersten Überblick. Die einzelnen Formen der Ekstase und ihre Dynamik werden im Folgenden im einzelnen genauer betrachtet.

Diese Landkarte habe ich in meinem Buch „Gefühle und ihre Verwandlungen" ausführlich dargestellt.

V Bereichernde Ekstasen

Die grundlegende bereichernde Ekstase ist die Einsgerichtetheit auf die eigene Mitte, auf das eigene Herzchakra, auf die eigene Seele – was letztlich alles dasselbe ist. Die Wirkung dieser Ekstase ist ein „Bad in Selbstliebe". Wenn im Herzchakra eine Ekstase entsteht, wenn also die Psyche auf ein Thema des Herzchakras einsgerichtet ist, entsteht eine Glücks-Ekstase.

Diese Ekstase ist eine Herzchakra-Ekstase. Die Einsgerichtetheit ist jedoch in allen sieben Chakren möglich. Die sechs äußeren Chakren sind Konkretisierungsstufen der eigenen Identität im Herzchakra.

Die drei oberen Chakren suchen nach Selbstausdruck in der Welt und verbinden daher den Einzelnen mit einem anderen Menschen, mit einer Gemeinschaft, einem Tier, einer Landschaft usw. Dadurch wird der Bereich, der gemeinsam schwingt, größer – was als Freude erlebt wird. Wenn in einem der drei oberen Chakren eine Ekstase entsteht, wenn also die Psyche auf ein Thema eines der drei oberen Chakren einsgerichtet ist, entsteht eine Freude-Ekstase.

Die drei unteren Chakren suchen nach Selbstausdruck durch den eigenen Körper und wollen einen inneren Impuls äußerlich alleine, mit einem anderen Menschen, mit einem Tier o.ä. ausleben. Das Freiwerden und Fließen dieses Impulses wird als Lust erlebt. Wenn in einem der drei unteren Chakren eine Ekstase entsteht, wenn also die Psyche auf ein Thema eines der drei unteren Chakren einsgerichtet ist, entsteht eine Lust-Ekstase.

Jedes Chakra hat aufgrund seines Charakters bestimmte Themen. Durch die Einsgerichtetheit auf solch ein Thema entsteht auch eine spezielle Ekstase, die durch die Qualität dieses Themas geprägt wird.

Ekstase-Themen		
Chakra	*Qualität*	*Thema*
Scheitelchakra	Freude	Erleuchtung, Gottheit-Invokation
Drittes Auge	Freude	Erkenntnisse, Klarheit, Erfindungen
Halschakra	Freude	Liebe, Gemeinschaft
Herzchakra	Glück	Selbstliebe, Seele
Sonnengeflecht	Lust	Gesang, Musik
Hara	Lust	Tanz, Kampf, Joggen
Wurzelchakra	Lust	Orgasmus, Kundalini, Berührung, Wahrnehmung

Man kann auch betrachten, welche Qualität die Ekstasen in den sieben Lebensphasen haben kann. In den drei ersten Phasen ist diese Qualität noch sehr deutlich, aber in den nächsten vier Phasen ist sie weniger markant und vermischt sich mit Themen aus früheren Phasen, aber die Grundqualität läßt sich dennoch erkennen.

In der folgenden Tabelle sind die Hauptthemen der einzelnen Lebensphasen, die gleichzeitig auch die potentiellen Ekstase-Themen sind, aufgeführt.

Die Ekstase-Themen in den sieben Lebensphasen			
Phase	*Alter*	*Essenz*	*Ekstase*
geront	Greis	„Alles"	Weisheit
tutoral	Lehrer	„Anderes …"	Weite
adult	Eltern	„Wir."	Gemeinschaft
genital	Jugend-licher	„Du?"	Begegnung
phallisch	Kind	„Ich!!!"	Selbstliebe, Strahlen
anal	Kleinkind	„Nein!"	Stärke, Klarheit
orale	Säugling	„Ja"	Geborgenheit, Vertrauen, Nähe, Wahrnehmung

Die beiden Strukturen der sieben Wege und der sieben Chakren sind für das Verständnis der Ekstasen jedoch weitaus wichtiger als diese sieben Stufen des Lebens.

Diese drei Strukturen haben zwar alle sieben Elemente, aber der Aufbau dieser Strukturen ist sehr verschieden, sodaß sie sich nicht gleichsetzen lassen:

- Die Biographie besteht aus sieben aufeinanderfolgenden Schritten;
- die Chakren haben ein Zentrum und je drei Weiterentwicklungen in entgegengesetzte Richtungen;
- die Landkarte der Gefühle hat einen Hauptweg und sechs von ihm abweichende Irrwege.

VI   Leidvolle Ekstasen

Da eine Ekstase letztlich ganz schlicht die vollständige Konzentration auf einen einzigen Bewußtseinsinhalt ist, führt eine solche Konzentration auf einen unangenehmen Bewußtseinsinhalt auch zu einer unangenehmen Ekstase.

Und es gibt in der Psyche viele Möglichkeiten von unangenehmen Gefühlen …

VI 1.   allmählich entstehende leidvollen Ekstasen

In der Psyche gibt es zunächst einmal den „Weg des Herzens", also eine Lebensweise, bei der man sich selber treu ist und aus seinem eigenen Herzen heraus lebt und sich selber ausdrückt. Das ist der „Weg des Herzens" oder der „Weg der Mitte".

Der „Weg des Herzens" hat im Verlauf der Biographie sieben Schritte:

die sieben Entwicklungsphasen		
Phasen	*Qualität*	*Biographie*
7. geronte Phase	Weisheit	„Alles"	Greis
6. tutorale Phase	Weite	„Anderes …"	älterer Erwachsener
5. adulte Phase	Verantwortung	„Wir."	Erwachsener
4. genitale Phase	Entdeckung	„Du?"	Jugendlicher
3. phallische Phase	Selbstliebe	„Ich!!!"	Kind
2. anale Phase	Stärke	„Nein!"	Kleinkind
1. orale Phase	Geborgenheit	„Ja"	Säugling

Von seinen drei ersten Abschnitten zweigen sechs Irrwege ab, die dreimal zwei Polarisierungen eines Abschnittes des „Weges des Herzens" sind:

Aus der Geborgenheit der oralen Phase des Säuglings können der „Weg des Süchtigen" (Vorpreschen) und der „Weg des Asketen" (Rückzug) entstehen.

Aus der Stärke der analen Phase des Kleinkindes können der „Weg des Täters" (Vorpreschen) und der „Weg des Opfers" (Rückzug) entstehen.

Aus der Selbstliebe der oralen Phase des Kindes können der „Weg des Stars" (Vorpreschen) und der „Weg des Fans" (Rückzug) entstehen.

Dadurch entsteht die bereits dargestellte „Landkarte der Gefühle", die einen Hauptweg und sechs Abzweigungen hat:

		Greis: Alles	
		Lehrer: Anderes ...	
		Eltern: Wir.	
		Jugendlicher: Du?	
Star		Kind: Ich!!!	Fan
Täter		Kleinkind: Nein!	Opfer
Süchtiger		Säugling: Ja	Asket

Jeder dieser sechs Irrwege beginnt mit nur leichten Abweichungen von der Mitte, aber kann sich immer weiter steigern, bis schließlich ein Zustand der Einsgerichtetheit auf ein Gefühl auf diesem Weg erreicht wird, der dann das Leben ausgesprochen schwer macht und den Betreffenden zudem auch von der Welt isoliert, da er in seiner leidvollen Ekstase gefangen ist.

Auf jedem der sechs Irrwege gibt es viele mögliche Ekstasen, also Fixierungen auf ein bestimmtes Gefühl oder eine bestimmte Gefühlshaltung. Die wesentlichen Fixierungen auf ein Gefühl auf diesen sechs Irrwegen, aus denen die leidvollen Ekstasen entstehen, sind in der folgenden Übersicht aufgeführt.

Nicht alle dort aufgeführten Gefühle sind immer eine einsgerichtete Fixierung, also eine leidvolle Ekstase – so sind Angst und Schmerz durchaus sinnvolle Gefühle und auch Treue ist an sich, wenn man sie nicht bis zur Prinzipien-Fixierung gesteigert hat, eine durchaus förderliche Haltung.

Die leidvollen Ekstasen		
Bereich	**Irrweg**	**Fixierungen (leidvolle Ekstasen)**
oral: Störung der Geborgen-heit	Süchtiger	Gier, Sucht, Abhängigkeit, Alleinsein-Panik, Jammern, Schreien, Klagen, Hilfe-Verlangen, Hyperaktivität, Aktionismus, ununterbrochenes Reden
	Asket	Bedürfnisverdrängung, Fasten, Sex-Feindlichkeit, Körper-Feindlichkeit, Ekel, Gleichgültigkeit, Reglosigkeit, Einsiedler, Treue, Helfen-Müssen, Burnout, Schweigen, Fanatismus
anal: Störung der Stärke	Täter	Selbstdurchsetzung, Druck-Ausübung, Macht, Dominanz, Haß, Terror, Amok-Lauf, Bosheit, Sadismus, Folter, Vergewaltiger, Mord
	Opfer	Entsetzen, Angst, Panikattacke, Schmerz, Krampf, Starre, Gelähmtsein, Kopflosigkeit, Stottern, Sprachblockade, Depression, Ohnmacht, Entschlußunfähigkeit, Vergewaltigungsopfer, Mordopfer, Schuldgefühle, Selbsthaß, Masochismus
phallisch: Störung der Selbstliebe	Star	Eitelkeit, Ruhm, Größenwahn
	Fan	Scham, Verehrung, Minderwertigkeitsgefühle

VI 2.   plötzlich entstehende leidvollen Ekstasen

Neben diesen allmählich entstehenden Fixierungen gibt es auch noch die durch ein Trauma ausgelöste Fixierung.

Ein Trauma entsteht in einer bedrohlichen Situation, in der der Betreffende keinen Ausweg mehr sieht. In solchen Situationen beschließt die Seele den Körper aufzugeben und zu verlassen, was der Betreffende dann oft als ein „über sich selber schweben" erlebt. Die Seele, die das sichere Ende ihres Körpers vor sich sieht (hungriger Löwe) oder sich in einer unerträglichen Situation befindet (Vergewaltigung), will sich das direkte Erleben dieser Situation ersparen und verläßt ihren Leib. Dann schwebt man z.B. unter der Zimmerdecke und blickt auf seien physischen Körper herab – das ist der Ursprung der Vorstellung, daß es eine Seele gibt, und somit vermutlich auch der Ursprung der Religion allgemein.

Wenn der Betreffende diese Situation überlebt, kann er in seinen Körper zurückkehren und den Streß durch Schreien, Weinen, Zittern u.ä. abbauen und dann normal weiterleben. Dauert die Gefahrensituation jedoch zu lange oder wiederholt sie sich zu oft oder wird das Schreinen/Weinen/Zittern gestört, dann kann sich der Streß nicht abbauen und bleibt zusammen mit dem Erinnerungs-Bild dieser Situation in der Psyche weiterbestehen. Dort bildet er einen abgekapselten Bereich, dessen Streßdruck weiterbesteht und dessen Bild niemals in den Rest der Psyche integriert worden ist – eine unter hohem Druck stehende Konservendose mit einem erschrecken Etikett, die rappelnd auf einem Regal im Keller der Psyche steht und Unruhe verbreitet.

Während die allmählich entstehenden Fixierungen oft eine etwas allgemeinere Ausrichtung haben wie z.B. „nicht allein sein können" oder „immer alle Macht in der Hand halten müssen", sind die Trauma-bedingten Fixierungen meist etwas spezifischer wie eine Angst vor Hunden (bei einem Hundeangriff-Trauma) oder eine Angst vor Flokati-Teppichen (nach einer Vergewaltigung auf einem solchen Teppich).

Allerdings können sich die durch ein Trauma entstandenen Fixierungen auch ausweiten und dann einen allgemeinen Charakter bekommen – so kann z.B. die Angst vor Hunden zu einer Angst vor Tieren werden und die Angst vor Flokati-Teppichen zu einer Angst vor geschlossenen Räumen.

VII   Merkmale der Ekstase

Um das Wesen der Ekstasen besser verstehen zu können, ist es hilfreich, sich einmal ihre Merkmale genauer anzusehen.

VII 1.   Einsgerichtetheit

Das Hauptmerkmal der Ekstase ist ihre Einsgerichtetheit.

Das Tiefschlafbewußtsein ist von der Seele erfüllt; im Traumbewußtsein sind alle Bewußtseinsinhalte gleichberechtigt vorhanden; im Wachbewußtsein werden alle für die augenblickliche Situation relevanten Bewußtseinsinhalte koordiniert; und in der Ekstase ist die gesamte Aufmerksamkeit auf einen einzigen Bewußtseinsinhalt ausgerichtet.

Daraus ergibt sich, daß die Konzentration, eben die Ausrichtung auf ein bestimmtes Thema, ein wichtiges Hilfsmittel zum Erreichen der Ekstase ist.

Aus der Einsgerichtetheit der Ekstase folgt, daß das Thema, auf das das Bewußtsein so ausschließlich ausgerichtet ist, in der Ekstase den Zustand des gesamten Bewußtseins prägt.

Wenn dieses Thema das eigene Herzchakra, die eigene Seele, die Selbstliebe oder etwas ähnliches ist, was zu der Quelle der Psyche oder zu ihrem heilen Selbstausdruck gehört, wird die Psyche zu strahlen beginnen und Kontakt mit den Dingen aufnehmen, denen sie in ihrem Selbstausdruck begegnet – dann entsteht eine erfüllte Weite.

Wenn dieses Thema jedoch eine Sucht oder ein Verzicht, die Macht oder die Ohnmacht, oder der Ruhm oder die Scham ist, also eine Sache ist, die zu einem der sechs Irrwege gehört, wird die Psyche in dem irrigen Selbstbild auf diesem Irrweg gefangen und isoliert – dann entsteht leere Enge.

Die Einsgerichtetheit ist das, was das Wesen der Ekstase ist.

VII 2.   Zentriertheit

Die Ekstase entsteht, wenn die gesamte Psyche um ein Thema herum zentriert ist – wenn man konzentriert ist. Am deutlichsten tritt diese Konzentration auf, wenn man genau das macht, worauf man gerade „Bock hat".

Dies kann man anschaulich bei spielenden Kindern beobachten, die ganz in ihrem

Spiel aufgehen: sie sind hochkonzentriert und gleichzeitig vollkommen entspannt. Das ist genau die Ideal-Haltung bei der Meditation und bei der Magie. Sie wird oft auch als „Wünschen und Loslassen" beschrieben – nur daß sie bei spielenden Kindern zugleich auch ganz mühelos und „spontan gewollt" ist.

VII 3. Motivation

Die Konzentration ist leicht und entsteht ganz von selber, wenn man genau das tut, was man gerade tun will. Dabei gibt es zwei sehr unterschiedliche Möglichkeiten: Die Konzentration kann dadurch entstehen, daß man etwas fürchtet – dann entsteht eine leidvolle Fixierung; oder sie kann dadurch entstehen, daß man etwas erreichen will – dann entsteht eine bereichernde Ekstase.

Als dritte Möglichkeit gibt es noch die bewußte Absicht, aus der heraus man z.B. jeden Morgen und jeden Abend eine Herzmeditation durchführt, die dann mit der Zeit ebenfalls zu einer Ekstase führen kann.

Allen drei möglichen Konzentrations-Wurzeln ist gemeinsam, daß sie letztlich aus dem Wunsch zu leben und glücklich zu sein stammen: Bei der Konzentration auf etwas, was man vermeiden will, erscheint dieser Wunsch als Überlebenswille; bei der Konzentration auf etwas sehr Angenehmes erscheint dieser Wunsch als Sehnsucht; und bei der Konzentration auf ein bewußt ausgewähltes Ziel erscheint dieser Wunsch als Lebensplanung.

Eine Ekstase ist nur möglich, wenn der Wunsch zu leben und glücklich zu sein sich ganz auf das Hier und Jetzt ausrichtet und eine Situation vollständig erfüllt. Das bedeutet letztlich, daß sich die Seele in der Ekstase uneingeschränkt ausdrücken kann – wobei es natürlich sein kann, daß sich der Impuls des Herzens auf dem Weg vom Herzen in das Hier und Jetzt „verläuft" und auf einen der sechs Irrwege gerät, sodaß anstatt einer bereichernden Ekstase eine leidvolle Fixierung entsteht.

Aber die Wurzel einer jeden Ekstase ist letztlich der Wunsch zu leben und glücklich zu sein.

Durch die Ekstase kann die Wahrheit im eigenen Herzen Wirklichkeit werden und mit voller Intensität erlebt werden.

VII 4. nach innen – nach außen

Da die Motivation das Thema entstehen läßt, auf das sich die Ekstase bezieht, und da es von diesem Thema abhängt, ob aus ihm eine leidvolle oder eine bereichernde

Einsgerichtetheit entsteht, scheint es ratsam, sich die Themen in der eigenen Psyche genau anzuschauen.

In der Kabbala aus der jüdischen Mystik gibt es den „Baum des Lebens", der die Verbindung von Gott (Einheit) und Welt (Vielheit) darstellt. Auf ihm gibt es zwei Dynamiken: die „Schlange der Weisheit", die von der Vielheit aus schrittweise zu der Essenz (Einheit) aufsteigt und auf halbem Wege die eigene Seele findet; und den „Blitzstrahl der Schöpfung", der ein Impuls ist, der sich von der Essenz (Einheit) aus über die Seele bis in das Hier und Jetzt hinein immer weiter ausdifferenziert und entfaltet.

Es werden also zwei Bewegungen beschrieben: die Erkenntnis, die von der Welt zur Seele und dann weiter zu Gott führt; und die Kreativität, die die eigene Essenz in immer neuen und umfassenderen Formen ausdrücken will. Die „Schlange der Weisheit" sorgt dafür, daß man sich selber erkennt und den Kontakt mit der eigenen Seele erhält (Meditation); und der „Blitzstrahl der Schöpfung" ist die Kraft in der Seele, die sich selber in ihrem derzeitigen Leben möglichst umfassend ausdrücken will.

Diese beiden Bewegungen ergänzen sich gegenseitig – auch in Bezug auf die Ekstasen: Die „Schlange der Weisheit" sorgt dafür, daß man die innere Wahrheit findet und sich nicht auf Süchte, Ängste u.ä. fixiert; und der „Blitzstrahl der Schöpfung" gibt der inneren Wahrheit die Kraft, sich im Hier und Jetzt auszudrücken – wodurch dann eine Ekstase entsteht, die sich auf die Seele bezieht und daher bereichernd ist.

Dasselbe Motiv findet sich auch bei dem indischen Gott Shiva: Er ist der Yogi, der sich in sich selber und in die Welt hinein versenkt und die Wurzeln aller Dinge erkennt; und er ist der Tänzer, der in seinem Tanz das ausdrückt, was er ist. Seine Meditation entspricht der „Schlange der Weisheit" – sie steigt in ihm als Kundalini auf; und sein Tanz ist der „Blitzstrahl der Schöpfung" – er ist die flammende Aura, die Shiva wie ein Kreis umgibt.

Es ist ratsam, sich selber zu betrachten und zu erkennen und zu heilen, damit die Ekstasen, die man in seinem Leben erreicht, sich auf Themen beziehen, die ein Aspekt der eigenen Wahrheit sind, denn sonst werden die Ekstasen leidvoll werden.

VII 5. Intensität

Man kann sagen, daß die Ekstase stets die maximale Intensität hat, da die Psyche in der Ekstase eingerichtet ist. Eine Panikattacke läßt keinen Raum mehr für etwas anderes als für die Panik – und auch ein Orgasmus erfüllt die gesamte Psyche, wenn man sich ihm wirklich hingeben kann.

Auch Visionen, die man in der Ekstase erlebt, also Dinge, die man dabei sieht, hört, fühlt, riecht, schmeckt usw., erscheinen dem Betreffenden als sehr real und bedeutungsvoll – schließlich können sie nicht noch stärker mit Lebenskraft aufgeladen sein, da die Psyche auf sie einsgerichtet ist.

Jenachdem, wie man die Ekstase erlebt oder wie man sie anschließend selber oder als Außenstehender einordnet und bewertet, kann man sie als „intensive freudige Erregung", als „Verzückung" oder als „Rausch" bezeichnen. Die verschiedenen Namen für die Ekstase drücken vor allem aus, ob man das Erlebnis für real hält („Ekstase") oder nicht („Rausch"). Die „Verzückung" ist ein Hinweis auf das Zucken, das bei bestimmten Formen der Ekstase auftritt – sowohl bei der religiösen Ekstase (Scheitelchakra) als auch beim Orgasmus (Wurzelchakra), also bei den beiden Ekstasen der Kontakt-Chakren.

Die Intensität des Erlebens in der Ekstase erfordert unter Umständen etwas Gewöhnung. So kann die Freude, die bei einigen Meditationen entsteht, so groß sein, daß man die Meditation beendet, weil man die Intensität dieser Freude nicht aushält – man muß sozusagen erst einmal ein Gefäß in sich erschaffen, das diese Freude fassen kann. Auch die Lust kann bei einigen Meditationen oder beim Orgasmus so groß werden, daß man ohnmächtig wird, d.h. daß das Wachbewußtsein das Erlebnis nicht mehr integrieren kann und sich daher in den Traumzustand hinein auflöst.

Dasselbe gilt auch für die leidvollen Fixierungen – man kann durchaus auch vor Angst oder Schmerz ohnmächtig werden.

VII 6. Stabilisierung

All vier möglichen Bewußtseinszustände neigen dazu, sich selber zu stabilisieren:

> Wenn man schläft, muß man entweder ausgeschlafen haben, um zu erwachen, oder es muß etwas geschehen, wodurch man geweckt wird.

> Wenn man wach ist, bleibt man wach und fühlt und denkt und handelt, solange man nicht müde wird oder eine Ohnmacht erleidet.

> Auch der Tiefschlaf dauert so lange an, wie er braucht, um die Psyche wieder in der Seele zu erden, oder bis er gestört wird.

> In derselben Weise ist auch ein Ekstasezustand stabil und erhält sich selber aufrecht – dies gilt sowohl für die Fixierungen wie z.B. für eine Panik (wo dies eher unerwünscht ist) als auch für die angenehmen Ekstasen wie z.B. für das „runners high" (wo dies erwünscht ist).

Diese Stabilisierung findet sich bei allen Ekstasen: bei allen Fixierungen (was ihre Heilung deutlich erschwert) beim Trommeln, beim Tanz, bei der Herzmeditation … Selbst bei der Stille-Meditation, in der man jedes Denken, Fühlen und Sehen beendet und nur noch Bewußtsein ist, das sich seiner selber gewahr ist, gibt es diesen Effekt: Man braucht Entschlossenheit und Kraft, um in diesen Zustand zu gelangen, aber wenn man ihn einmal erreicht hat, braucht man auch einen erneuten Impuls, um ihn wieder verlassen zu können.

oben im Tal auf dem Berg: die stabile Ekstase

Dies fühlt sich so an, als ob man einen Berg emporsteigen würde, auf dessen Gipfel sich ein kleines Tal befindet – der Aufstieg ist beschwerlich, aber wenn man einmal in dem Tal auf dem Gipfel ist, hat man eine stabile Lage erreicht und muß auch erst einmal wieder den Hang rings um das Tal ersteigen, um wieder von dem Berg hinabsteigen zu können.

VII 7. Rhythmus

Die Beschreibungen der Stabilität der vier Bewußtseinszustände in dem vorigen Kapitel zeigen, daß der Wechsel zwischen diesen Bewußtseinszuständen einen Rhythmus hat und es daher zwischen ihnen „natürliche Übergänge" gibt:

Man erwacht am Morgen und schläft abends ein;

man geht des Nachts aus dem Traumzustand zwei- oder dreimal in den Tiefschlaf hinüber und verläßt ihn anschließend wieder;

man ruht sich im Wachszustand zwei- oder dreimal am Tag aus und geht dabei halb in den Traumzustand hinüber (Tagtraum, „Dösen");

und man geht auch mehrmals am Tag vom Wachszustand aus in den Ekstase-Zustand hinüber – z.B. beim Orgasmus, wenn man sehr wütend wird, wenn man weinen muß, wenn man der Mittelstürmer bei einem Fußball-Endspiel ist oder wenn man sich zum Meditieren hinsetzt.

Diese Übergänge zwischen den vier Bewußtseinszuständen treten von selber auf, „wenn die Zeit reif für sie ist". Sie können jedoch auch bewußt angestrebt werden wie z.B. bei der Meditation, beim „runners high" oder beim Liebesspiel.

Der normale Verlauf dieses Wechsels zwischen den Bewußtseinszuständen, die zwischen diesen Wechseln recht stabil sind, sieht in etwa wie folgt aus:

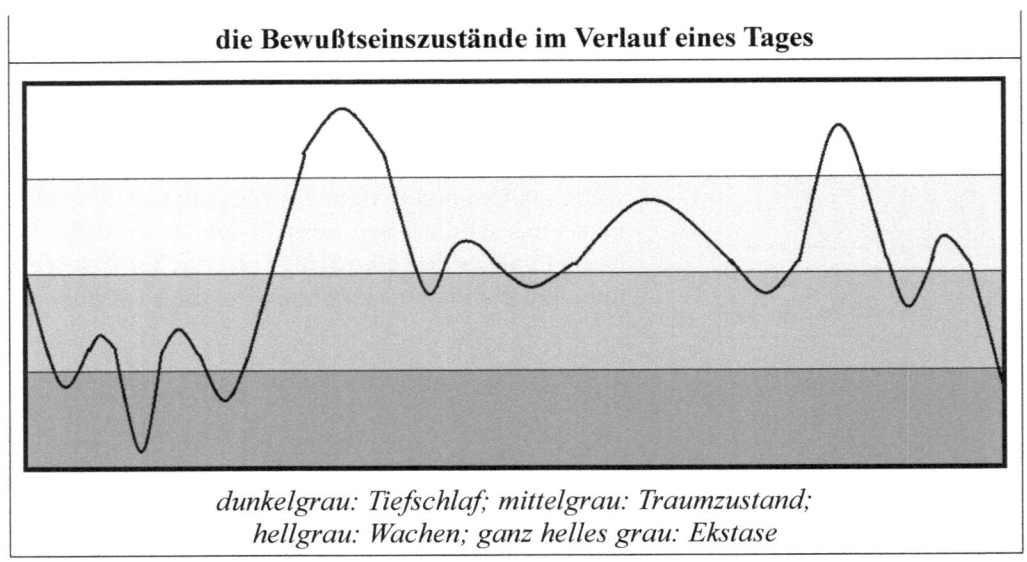

die Bewußtseinszustände im Verlauf eines Tages

dunkelgrau: Tiefschlaf; mittelgrau: Traumzustand;
hellgrau: Wachen; ganz helles grau: Ekstase

Der in dem Diagramm dargestellte Tag scheint recht gemütlich verlaufen zu sein: Er beginnt ganz links mit dem nächtlichen Schlaf, in dem der Betreffenden dreimal vom Traumzustand aus in den Tiefschlaf gekommen ist – er wird also morgens gut ausgeruht erwacht sein. Offenbar hat er gleich nach dem Aufwachen etwas sehr Schönes erlebt – vielleicht war seine Freundin zu Besuch … Danach hat er noch einmal kurz gedöst und ist kurz in den Traumzustand hinübergegangen.

Dann kam eine Phase des Wachens – vielleicht ein ausgedehntes Frühstück mit schönen Gesprächen? Um die Mittagszeit herum ist der Betreffende des längeren hellwach und aktiv gewesen und hat evtl. gearbeitet. Danach hat er sich wieder ausgeruht – vielleicht hat er bei einem Glas Orangensaft im Garten auf dem Liegestuhl gelegen und ist ein wenig seinen Tagträumen gefolgt.

Gegen Abend ist er dann Joggen gegangen und ins „runners high" gelangt oder vielleicht hat er auch meditiert. Daraufhin hat er sich wieder ein wenig ausgeruht – was eher für das Joggen spricht.

Nach einer kurzen letzten Wachphase ist er dann zu Bett gegangen und hat sofort tief und fest geschlafen, da er gleich in den Tiefschlaf hinübergeglitten ist.

VII 7. Wahrnehmung

Die Wahrnehmungen in der Ekstase sind oft anders als die Wahrnehmungen im Wachzustand. Die Einsgerichtetheit führt generell dazu, daß man ganz auf das Ekstase-Thema ausgerichtet ist und dieses daher wesentlich deutlicher und intensiver erlebt als sonst üblich. Das gilt für das Spiel von Kindern über den Orgasmus bis hin zur Meditation.

Die Einsgerichtetheit führt auch dazu, daß in der Ekstase kaum gedacht wird, da das Denken die Vielfalt, die Unterscheidung und den Vergleich benötigt – also nicht einsgerichtet ist. Daher treten in der Ekstase vor allem Bilder und Gefühle auf sowie ein intensiveres Bewußtsein, ein intensiveres Erleben dessen, worauf sich die Ekstase bezieht.

Die Einsgerichtetheit führt auch dazu, daß man manche Dinge in der Ekstase nicht mehr wahrnimmt bzw. daß man auch die inneren Bilder, die man mit dem Thema der Ekstase assoziiert, wahrnimmt. Die Wahrnehmung ist also zum einen auf die wenigen Dinge beschränkt, die zu dem Ekstase-Thema gehören (z.B. die Freundin), und wird zum anderen durch alle inneren Bilder ergänzt, die mit diesem Thema verbunden sind (z.B. frühere Freundinnen).

Dieses Assoziieren aller Dinge, die zu dem Thema gehören, ist eine Eigenschaft des Traumbewußtseins – auf diese Weise entstehen auch die Träume.

In den Visionen während der Ekstase, also in der Wahrnehmung der eigenen Assoziationen zu dem Ekstase-Thema, werden des öfteren auch verschiedene Wahrnehmungsarten ineinander umgewandelt, d.h. daß man Töne als farbige Muster sieht, Farben schmeckt, Gerüche hört usw. Dies wird „synästhetische Wahrnehmung" genannt und ist auch als Effekt von einigen Drogen bekannt – doch für diesen Effekt sind keine Drogen notwendig, da sie bereits in den Möglichkeiten der Psyche begründet liegen und einige Drogen lediglich das Auftreten dieser natürlichen Fähigkeit der Psyche erleichtern.

In diesen Wahrnehmungen erscheinen die Dinge der Umgebung manchmal auch größer oder kleiner als sie in Wirklichkeit sind – was meistens ihre augenblickliche Wichtigkeit für den Ekstatiker ausdrückt. Dieser Effekt ist auch von Traumreisen bekannt, bei denen man zugleich im Wachzustand und im Traumzustand ist. Die veränderte Größe ist eine archaische Methode, um etwas hervorzuheben – man findet sie u.a. auch in Mythen und in Märchen, in denen die wichtigen Menschen, Tiere und Dinge manchmal besonders groß sind.

Ein interessantes Phänomen bei Ekstasen, aber auch bei Traumreisen oder in Meditationen ist das veränderter Zeitgefühl. Zum einen unterschätzt man oft vollkommen, wie lange eine Traumreise gedauert hat, oder überschätzt die Dauer einer Ekstase, und zum anderen führt die Einsgerichtetheit manchmal zu einer „Zeitlupen-Wahrneh-mung", in der die Klarheit und der Detailreichtum der Wahrnehmung extrem gestei-gert ist.

Der erste dieser beiden Effekte (Unterschätzung der Dauer) liegt darin begründet, daß man die Zeit in der Traumreise, in der Ekstase und in anderen außergewöhnlichen Bewußtseinszuständen mithilfe des Zeitverlaufs in normalen Wachen mißt und sich dadurch natürlich völlig verschätzt, weil z.B. das Erleben von „Laufen" in der Rea-lität etwas ganz anderes ist als das „Laufen" in einer Traumreise. Es erfordert einige Übung, um die Dauer einer Ekstase oder einer Traumreise richtig einschätzen zu kön-nen – genauso wie ein Kind eine ganze Weile braucht, um die Dauer eines Vorganges richtig einschätzen zu können.

Der zweite Effekt (Überschätzung der Dauer) entsteht durch die ausschließliche Aufmerksamkeit auf das Ekstase-Thema, die es ermöglicht, sehr viel mehr Details dieses einzelnen Themas wahrzunehmen und auch die Zeit selber intensiver und damit auch langsamer zu erleben. Die erhöhte Aufmerksamkeit füllt die Dauer einer Sekunde mit mehr Wahrnehmungen an, wodurch sie subjektiv als länger erscheint – wenn man normalerweise bei einem entspannten Bewußtsein nur ein oder zwei Wahr-nehmungen pro Sekunde hat und jetzt auf einmal ein Dutzend Wahrnehmungen pro Sekunde hat, ist diese Sekunde deutlich mehr gefüllt und man glaubt, weil man sich an der normalen Zahl der Wahrnehmungen orientiert, daß wesentlich mehr Zeit ver-strichen ist.

Bei der Traumreise treten die Bilder hingegen deutlich langsamer auf und man „brütet" stets eine Weile über jedem neuen Bild, was den Eindruck hervorruft, daß weniger Zeit vergangen ist, weil insgesamt deutlich weniger Wahrnehmungen auf-treten als im normalen Alltag.

Von Gefahrensituationen ist bekannt, daß in ihnen die Zeit sehr viel langsamer bzw. die Wahrnehmung sehr viel schneller abläuft – so kann man z.B. bei einem gefähr-lichen Sturz sein gesamtes Leben noch einmal wie im Zeitraffer erleben.

Schließlich gibt es bei den intensiveren Ekstasen noch ein sehr markantes Phäno-men: das „Erwachen". Man hat das Gefühl, daß man so, wie man aus dem Traum-zustand zu dem Wachzustand hin aufwacht, noch einmal aus dem Wachzustand zu dem Ekstasezustand hin aufwacht.

Dieses erneute „Aufwachen" wird bei den angenehmen Ekstasen als der Eintritt in einen deutlich lebendigeren, erfüllteren, wärmeren und glücklicheren Zustand erlebt, in dem alles genau so, wie es ist, richtig ist, in dem man strahlt und grundlos glück-lich ist – einfach weil man ist.

In den leidvollen Ekstasen, also z.B. in der Fixierung auf eine Angst, ist dieser Wechsel in den intensiveren Zustand natürlich alles andere als angenehm, da bei der Fixierung die gesamte Psyche in diesem Beispiel von der Angst überschwemmt wird und der Betreffende möglicherweise in Panik gerät.

Das „Erwachen" bei den angenehmen Ekstasen ist hingegen ein Erlebnis, neben dem alles andere, was man ansonsten erleben kann, vollkommen verblaßt. Daher wird man sehr wahrscheinlich versuchen, stets zu dieser Ekstase zurückzukehren.

Vielleicht läßt sich dieses „zweite Erwachen" mit einem Gleichnis etwas anschaulicher beschreiben: Beim Aufräumen auf dem Speicher entdeckt man eine alte Gitarre, die völlig verstimmt ist und auf deren Griffbrett sich allerlei Dreck angesammelt hat. Der scheppernde und disharmonische Klang dieser Gitarre ist wie das Wachbewußtsein. Dann setzt man sich hin und reinigt die Gitarre, ölt das Griffbrett und stimmt die Saiten mehrmals, bis sie ganz genau stimmen – und spielt dann einen ersten Akkord. Es erklingt ein volles, sattes a-Moll, das den ganzen Klangkörper zum Schwingen bringt … das ist dann wie das Ekstase-Bewußtsein.

VII 8. Astralreise

Es gibt einige Phänomene, die bei den intensiveren Ekstasen auftreten können, die zunächst einmal etwas merkwürdig wirken.

Da 80% der Wahrnehmungen der Menschen über die Augen laufen, ist auch der größte Teil der Bewußtseinsinhalte optisch. Das führt dazu, daß auch die Begleit-Phänomene der Ekstase vor allem Bilder sind.

Anfangs können verschiedene einfache Lichtphänomene auftreten wie leuchtende Punkte, Blitze, Streifen u.ä. Diese Lichtphänomene sind auch von Epileptikern gut bekannt.

Daran schließen sich einfache geometrische Formen an wie Kreise, Sterne, „Amöben" u.ä. an, die oft leuchten und die für den Betreffenden oft eine Bedeutung haben, d.h. die Symbole sind.

Danach treten Erlebnisse auf, also Wahrnehmungen, die man nicht nur „von außen her" wie einen Film sieht, sondern in denen man mittendrin ist und sie genauso real erlebt wie eine Wanderung durch den Wald.

Das häufigste Phänomen ist das Erleben eines Wirbels oder Strudels, der sich oft in einem Tunnel befindet, durch den man gesogen wird. Dieses Motiv tritt auch bei Nahtod-Erlebnissen häufig auf.

Bei dem ersten Phänomen („Lichtblitze") geschieht offenbar etwas in der Psyche, was mit viel Energie aufgeladen und optisch wahrgenommen wird. Wenn man die

Psyche als Lebenskraftkörper (mit den Chakren als dessen Organen) auffaßt, sind dies intensive Bewegungen der Lebenskraft. Diese Licht-Wahrnehmungen könnten daher Vorstufen des Hellsehens sein.

Bei dem zweiten Phänomen („Symbole") befindet man sich anscheinend in dem Bereich der Psyche, in dem die Symbole zuhause sind, also im Traumbewußtsein.

Bei dem dritten Phänomen („Tunnel-Strudel") handelt es sich um Bilder, die während des Beginns einer Astralreise auftreten können, also bei dem Verlassen des Körpers durch die Seele.

Diese drei Phänomene sind eine logische Folge:

„Lichtblitze" = die Wahrnehmung der Lebenskraft von außen her;

„Symbole" = die Wahrnehmung der Inhalte des Lebenskraftkörpers (Psyche) von innen her;

„Tunnelstrudel" = das Verlassen des physischen Körpers durch den Lebenskraftkörper (Seele, Astralleib)

Dieser Prozeß beginnt mit der Außenwahrnehmung des Lebenskraftkörpers („Lichtblitze"), dann folgt die Innenwahrnehmung des Lebenskraftkörpers („Symbole"), und schließlich die vom physischen Leib unabhängige Bewegung des Bewußtseins im Lebenskraftkörper, d.h. die Astralreise („Tunnelstrudel").

Zu den möglichen Wahrnehmungen beim Beginn der Astralreise und bei der Astralreise selber gehört auch das Erlebnis des Schwebens, Fliegens und Schwimmens, die Bilder für eine Astralreise sind, bei der man noch nicht ganz bewußt geworden ist und noch Symbole und nicht einfach die physische Umgebung des Astralkörpers sieht. Das „Fliegen" (evtl. als Vogel) ist das Bild der Astralreise im Traumbewußtsein, also das Symbol für die Astralreise.

Nun muß eine Astralreise nicht unbedingt eine Ekstase sein und auch die Ekstasen müssen nicht unbedingt mit einer Astralreise verbunden sein. Allerdings zeigen die beiden Worte „Ekstase" und „Trance", daß die Ekstasen anscheinend früher einmal vor allem zur Hervorrufung der Astralreise benutzt worden sind: „Ekstase" bedeutet „Hinaustreten", womit das Verlassen des Leibes durch den Astralkörper gemeint ist; und „Trance" bedeutet „Hinüber", was auf denselben Vorgang hinweist.

„Ekstase", „Trance" und „Astralreise" werden in der psychologischen Literatur als „Dissoziation", also als „Trennung" bezeichnet, womit das Erlebnis der Aufspaltung in den physischen Leib und in den Astralkörper gemeint ist. Allerdings wird dieser Vorgang in der Psychologie sehr häufig nur als ein inneres Erlebnis, also als eine realitätsferne Vorstellung des Betreffenden aufgefaßt und nicht als tatsächlicher, realer Vorgang.

Die Bedeutung der Ekstase d.h. der Einsgerichtetheit für die Astralreise ist die hohe Konzentration, die man dazu benutzen kann, den eigenen Körper zu verlassen, obwohl dieser Vorgang für die Menschen, die es erst einmal entdeckt haben, oft sehr einfach und ausgesprochen unspektakulär sein kann – nicht viel ungewöhnlicher als mit dem Joggen zu beginnen oder sich am Kopf zu kratzen …

Es ist daher sinnvoll, zwischen der Einsgerichtetheit und der Astralreise zu unterscheiden, auch wenn beide sowohl „Ekstase" als auch „Trance" genannt werden. Da sowohl die Ekstase als auch die Astralreise in unserer Kultur keine selbstverständlichen Elemente sind und daher auch nicht in das übrige Weltbild integriert worden sind, gibt es kein Allgemeinwissen zu diesen beiden Phänomenen – was dazu führt, daß es für diese beiden Phänomene leider auch keine klar definierten Begriffe gibt.

VII 9.   Hypnose

Manchmal wird auch die Hypnose mit der Ekstase, der Trance und der Einsgerichtetheit vermischt, aber man sollte auch diesen Begriff von den anderen deutlich unterscheiden. Bei der Hypnose dehnt der Hypnotiseur sein Bewußtsein auf den des Hypnotisierten aus, der seinerseits diesen Vorgang zuläßt. Dabei tritt das Wachbewußtsein des Hypnotisierten entweder in den Hintergrund oder es löst sich vorübergehend ganz auf – im ersten Fall kann sich der Hypnotisierte anschließend an das, was geschehen ist, erinnern; im zweiten Fall weiß er nichts von dem, was geschehen ist.

In beiden Fällen übernimmt das Wachbewußtsein des Hypnotiseurs die Funktion des Wachbewußtseins des Hypnotisierten – daher kann er auch weitgehend die Taten des Hypnotisierten lenken. Dazu ist nicht unbedingt ein konkreter Kontakt notwendig, da auch die „Fernhypnose" möglich ist, bei der sich der Hypnotiseur auf einen anderen Menschen konzentriert und die Kontrolle über ihn übernimmt.

Die Einsgerichtetheit in diesem Vorgang liegt beim Hypnotiseur, der in seinem Wachbewußtsein eine deutlich größere Intensität erreichen muß als die in dem Wachbewußtsein des Hypnotisierten – und das ist eben durch die Einsgerichtetheit möglich.

Eine recht anschauliche Schilderung eines solchen Hypnose-Vorganges und auch der möglichen Gegenwehr gegen ihn findet sich in den „Harry Potter"-Bänden bei der Schilderung des „Imperio"-Fluches.

VII 10.   Seele und Krafttier

In den Ekstase-Zuständen, die sich auf die eigene Wahrheit beziehen und daher angenehm sind (wie z.B. die Herzmeditationen), kann man der eigenen Seele begegnen, was eines der bereicherndsten Erlebnisse überhaupt ist: Man sieht die eigene Quelle und versteht daher den eigenen Lebensfluß – man sieht die Eichel, aus der man selber als Eiche entstanden ist und versteht deshalb das eigene Wesen, das eigene Ziel und den eigenen Stil, also den Sinn des eigenen Lebens: das „Eiche-sein".

Da das Krafttier ein Bild für die Dynamik ist, die die eigene Seele für ihre derzeitige Inkarnation ausgewählt hat, erscheint zusammen mit der Begegnung mit der eigenen Seele oft auch das eigene Krafttier. Dasselbe gilt auch für das Bild der eigenen Haltung – die eigene Kraftpflanze. Als drittes kann man dem Bild für die eigene innere Struktur begegnen – dem Kraftstein.

Wenn man in seiner Vision oder Traumreise dem eigenen Tier begegnet und es annimmt, erlebt man dies in der Regel als die Verwandlung in dieses Tier. Diese Tierverwandlungen sind ein häufiges Motiv in den Berichten über Ekstasen.

Die Einsgerichtetheit in der Begegnung mit der eigenen Seele und ihren drei Begleitern (Tier, Pflanze, Stein) entsteht ganz einfach aus dem Umstand heraus, daß die Seele das Zentrum der Psyche ist und sie daher das natürliche Thema der Einsgerichtetheit der Psyche ist – alle Teile der Psyche haben ihren Ursprung in dem Inkarnations-Impuls der Seele und somit in der Seele selber.

Wenn man sich daher auf die Seele konzentriert, ist die Einsgerichtetheit letztlich der natürliche Zustand der Psyche, da alle Teile der Psyche ihre Wurzel in der Seele haben. Dabei kann man dann die Seele selber sowie auch ihre drei „Verbündeten" (Tier, Pflanze, Stein) erleben.

VII 11.   der Rahmen der Ekstase

Ekstase findet nicht im luftleeren Raum statt, sondern immer in einem psychologischen und sozialen Zusammenhang. Daher gibt es zu jeder Form der Ekstase (ob sie nun als solche aufgefaßt und bezeichnet wird oder nicht) eine Beschreibung, eine Bewertung und einen Platz in der kollektiven Vorstellung über die Welt, also in dem Weltbild einer Gemeinschaft.

Diese Vorstellungen haben sich im Laufe der Zeit oft sehr deutlich geändert.

Der Orgasmus ist mittlerweile ein gesellschaftsfähiges Erlebnis geworden, über das man im vertrauten Kreis im allgemeinen gut sprechen kann. Das ist vor 100 Jahren noch deutlich anderes gewesen – damals war die von Freud entwickelte Wissenschaft der Psychologie noch ziemlich jung und die Körperfeindlichkeit der Kirche noch ziemlich einflußreich.

Das „runners high" wird von Außenstehenden oft als merkwürdiger elektro-chemischer Effekt im Gehirn angesehen, dem keine weitere Bedeutung beigemessen wird. Im Gegensatz dazu ist diese Jogger-Ekstase für die Läufer selber oft von großer Bedeutung, da sie es ihnen ermöglicht, absichtlich und gezielt durch das Joggen in einen Bewußtseinszustand zu gelangen, in dem es ihnen gut geht und in dem die Welt wieder in Ordnung ist. Wie ein Freund es so schön ausgedrückt hat: „Wenn gar nichts mehr läuft, dann lauf!"

Die unangenehmen Ekstasen, also die Fixierungen auf Ängste, Süchte u.ä. werden allgemein akzeptiert – einfach weil es sie offensichtlich gibt. Sie werden jedoch so gut wie nie mit dem Zustand der Ekstase in Verbindung gebracht, sondern einfach als Krankheit angesehen.

Manche dieser Fixierungen sind sogar in unsere Kultur integriert worden. So finden sich auf den höheren Managerposten vor allem „Täter" mit einer ausgeprägten Dominanz und großem Durchsetzungsvermögen, die sich offensichtlich in einer Macht-Fixierung befinden. Bei so mancher Krankenschwester und auch bei anderen Pflegekräften kann man das Muster des sich selber aufopfernden Asketen finden, der in einer Verzichts-Fixierung und in einer Helfenmüssen-Fixierung befindet – was ebenfalls gesellschaftlich vollkommen akzeptiert ist.

Wenn es z.B. um ein Burnout als Ergebnis einer Fixierung auf die Rolle des wehrlosen Opfers und des ständig allen helfenden Asketen geht, besteht meistens nur ein begrenztes Verständnis für den Vorgang selber und für die leidvolle Fixierung auf den „Weg des Opfer-Asketen", die diesem Burnout zugrundeliegt. Das erschwert unter Umständen die Heilung des Burnouts ganz erheblich.

Ähnlich sieht es bei Traumata aus, obwohl sich da die Situation deutlich zu verbessern beginnt – die Existenz von Traumata ist inzwischen allgemein bekannt und auch die Dynamik, die solch ein Trauma mit sich bringt, kommt so nach und nach im allgemeinen Weltbild an. Die von bestimmten Situationen ausgelöste leidvolle Ekstase, also die durch bestimmte Schlüsselreize ausgelöste Angst-Fixierung, die typisch für Traumata ist, wird zumindestens teilweise als eine dem Betreffenden schadende Einsgerichtetheit erkannt.

In unserer derzeitigen Zivilisation fehlt jedoch weitestgehend eine „Kultur der Ekstase" wie sie z.B. aus der Magie und der Religion bekannt ist. Es gibt allerdings durchaus erste Ansätze dazu wie z.B. die „sexuelle Revolution" aus der Hippiezeit, die bis heute nachwirkt, oder den Trancetanz, der allerdings in vielen Fällen keine allzugroße Tiefe erreicht.

Es gibt auch manche Bewegungen wie die Lehren von Wilhelm Reich oder von Bhagwan (Osho), in denen die Ekstase ein wesentliches Element ist und die daher unsere Kultur an einem wichtigen Punkt bereichert haben.

Die magischen und religiösen Ekstasen werden in einem späteren Kapitel gesondert betrachtet.

VII 12. Realitätskontakt

Es wird häufig gesagt, daß Menschen in Ekstase den Kontakt zur Wirklichkeit verlieren oder daß sie unfähig werden, mit anderen zu reden. Das stimmt so nicht so ganz und es ruft auch einen falschen Eindruck hervor.

Daß ein Mensch in Ekstase nicht mehr viel oder garnicht mehr redet, trifft zu. Das liegt allerdings nicht daran, daß er nicht mehr reden kann, sondern daran, daß er nicht mehr reden will, weil das Denken und Reden eine Vielfalt und ein Vergleichen erfordert, die zum Wachbewußtsein gehört. Wenn der Ekstatiker auf normale Weise zu reden beginnt, verläßt er zwangsläufig den Ekstase-Zustand.

Allerdings sind Singen, Mantren-Sprechen, spontane Anrufungen von Gottheiten und ähnliches durchaus möglich. Der Sprachsinn an sich ist nicht gestört, aber er wird vollständig der Einsgerichtetheit untergeordnet. Man kann sich daher mit einem Menschen in Ekstase nicht mehr normal unterhalten – man kann auch beim Liebesspiel sprechen, aber eine angeregte Diskussion über interessante Zusammenhänge bei dem, was man da gerade tut, wird den Fluß der Ekstase deutlich stören, während Liebesgeflüster durchaus anregend sein kann – und beim Orgasmus selber reduziert sich der Wortinhalt dann vollständig auf ein lustvolles Stöhnen.

Das Nicht-Sprechen während der Ekstase ist also kein Hinweis auf einen Verlust des Realitätskontaktes, sondern ein Hinweis auf die Einsgerichtetheit.

Auch bei einer Angst-Fixierung läßt sich dasselbe Phänomen beobachten: In gesteigerter Panik sind die Betreffenden nur noch zum Schreien oder zum Flehen um Hilfe fähig. Und ein Macht-besessener Chef wird in seiner Wut-Ekstase auch nur noch herumbrüllen, aber zu einem vernünftigen Gespräche vollkommen unfähig sein.

Auch was die Wahrnehmung angeht, ist ein Mensch in Ekstase nicht unfähig, das zu sehen, was da ist – er hat seinen Fokus lediglich auf eine einzige Sache eingeschränkt. Die interessante Frage dabei ist, ob er dies bewußt und mit Absicht getan hat und sich daher vermutlich in einer angenehmen Ekstase befindet, oder ob er unabsichtlich und ungewollt in eine unangenehme Fixierung hineingeraten und daher in ihr relativ hilflos ist.

Die vier Bewußtseinszustände sind mit den sieben Chakren und daher auch mit den Tätigkeiten in der Psyche, also mit der Identität, dem Fühlen, dem Denken und dem Wahrnehmen verknüpft:

Bewußtseinszustände und Chakren							
Chakra	*Qualität*	*Bewußsein*	*Dynamik*	*Struktur*			
Scheitelchakra	geistiger Kontakt	Ekstase	Kontakt				
Drittes Auge	Orientierung	Wachen	Denken				
Halschakra	sozialer Selbstausdruck	Traum	Fühlen				
Herzchakra	Identität	Tiefschlaf	Identität				
Sonnengeflecht	körperlicher Selbstausdruck	Traum	Fühlen				
Hara	Standfestigkeit	Wachen	Denken				
Wurzelchakra	körperlicher Kontakt	Ekstase	Kontakt				

Wenn die Ekstase eine gewisse Intensität erreicht hat, also deutlich größer ist als z.B. im Spiel von Kindern, würde das Denken und genauso das Fühlen oder das Erleben der eigenen Identität von der Ekstase ablenken – außer natürlich dann, wenn ein bestimmter Gedanke, ein bestimmtes Gefühl oder die eigene Identität (Seele im Herzchakra) das Thema der betreffenden Ekstase ist.

Die Ekstase ist ganz Erlebnis, aber nicht kühle Analyse oder bewußte Bewertung – auch beim Orgasmus zählt man nichts mehr und man prüft auch keine moralischen Aspekte des eigenen Tuns. Wenn man das dennoch tun sollte, wird der Orgasmus entweder deutlich flacher oder eben ganz unmöglich …

VII 13.   Fähigkeiten

Eine Ekstase, die sich auf einen Aspekt der eigenen Wahrheit bezieht, lohnt sich schon einfach als Erlebnis an sich.

Mit der Ekstase sind jedoch auch einige besondere Fähigkeiten verbunden wie die Sehergabe, Feuerläufe und die Kampfekstase der Berserker. Diese Aspekte der Ekstase werden später in diesem Buch noch ausführlich dargestellt und betrachtet.

VII 14.   Gruppen-Ekstase

Ekstasen können sowohl bei einem einzelnen Menschen als auch in einer Gruppe von Menschen auftreten – oder als sexuelle Ekstase bei einem Paar.

Auch die kollektiven Ekstasen gibt es in der angenehmen und in der unangenehmen Version.

Trancetänze werden oft in Gruppen abgehalten, rituelles Trommeln findet ebenfalls oft in Gruppen statt, die „wirbelnden Derwische" tanzen ihre Kreistänze fast immer als Gruppe, die Druiden haben ihre Rituale sehr oft in Gruppen durchgeführt, die Yogis meditieren oft gemeinsam usw.

Es gibt jedoch auch die Massenpanik, kollektiven Haß, Hamsterkäufe in Krisensituationen, Selbstkasteiungsumzüge (im Mittelalter), den Veitstanz (der im Mittelalter oft ganze Gruppen von Menschen ergriffen hat) u.ä.

Auch der religiös-politische Fanatismus wie im 3. Reich oder bei der IS gehören zu der kollektiven Ekstase. Im 3. Reich wurde sogar das dahinterstehende Konzept „Gleichschaltung" genannt – eben die Einsgerichtetheit des gesamten Volkes auf den Führer.

VII 15. Beschreibungen

Bei den Beschreibungen der gewollten, angenehmen Ekstasen fällt auf, wie oft dabei von Liebe die Rede ist und wie oft ein erotischer Wortschatz benutzt wird. Dies liegt daran, daß die Einsgerichtetheit, die zur Ekstase führt, Dinge miteinander vereint: zum einen die Teile der Psyche des Ekstatikers miteinander und zum anderen den Ekstatiker mit dem Ziel seiner Ekstase.

Wenn das Ziel der Ekstase die Seele des Betreffenden oder Gott selber ist, wird die Ekstase wie ein Liebesspiel oder wie das Eingehen einer Ehe empfunden: Man richtet sich vollständig auf das Ziel der Ekstase auf – man liebt das Ziel der Ekstase. (Als Nonne heiratet man symbolisch Christus.)

Man kann sich zwar anfangs durch intellektuelle Betrachtungen seinem Ziel annähern, aber das Fühlen, in diesem Fall also das Lieben, macht das Erreichen der Einsgerichtetheit sehr viel einfacher.

VII 16. Zusammenfassung

Wie diese Betrachtungen zeigen, hat die Ekstase hat eine ganze Reihe von Eigenschaften, die im Folgenden noch einmal zusammengefaßt werden.

VII 16. a) Einsgerichtetheit

Eine Ekstase ist der Zustand der Einsgerichtetheit. In der Ekstase ist die gesamte Psyche auf ein einziges Thema konzentriert. Die Ekstase ist in ihren weniger stark ausgeprägten Formen ein Bestandteil des Alltags.

Die Ekstase gehört zu den vier Grundformen des Bewußtseins: Tiefschlaf, Traum, Wachen, Ekstase. Jede der vier Bewußtseinsformen stabilisiert sich selber. Es gibt einen natürlichen Rhythmus, in dem die vier Bewußtseinszustände einander abwechseln.

Die Meditation ist die Kunst, diese vier Arten des Bewußtseins miteinander zu koordinieren.

VII 16. b) Ekstase und Fixierung

Es gibt die angenehmen Ekstasen, deren Thema ein Teil der eigenen Wahrheit ist, und die unangenehmen Ekstasen („Fixierungen"), deren Thema eine Angst, eine Sucht oder ein anderer Irrweg ist. Es ist wesentlich, auf welches Thema sich eine Ekstase bezieht, da von ihm zwar nicht die Intensität der Ekstase, aber der Charakter der Ekstase abhängt.

Auch ganze Gruppen können in Ekstase geraten – sowohl in angenehme Ekstasen (z.B. Trancetänze) als auch in leidvolle Ekstasen (z.B. Massenpanik).

Die angenehmen Ekstasen beziehen sich auf eins der sieben Hauptchakren oder auf einen einzelnen Aspekt von ihnen, also auf ein Thema, das zu diesem Chakra gehört: die Selbstliebe im Herzchakra, der ungehinderte körperliche Selbstausdruck im Sonnengeflecht, der ungehinderte soziale Selbstausdruck im Halschakra, der Tanz oder Kampf im Hara, die Klarheit im Dritten Auge, der Orgasmus oder die Kundalini im Wurzelchakra und schließlich noch die Erleuchtung im Scheitelchakra. Die angenehmen Ekstasen sind ein Teil des „Weges des Herzens".

Die drei Grundgefühle der bereichernden Ekstasen sind die Freude der drei oberen Chakren, die Lust der drei unteren Chakren und die Liebe und das Glück des Herzchakras.

Wenn die Ekstase auf die eigene Mitte ausgerichtet ist, kann man durch sie der eigenen Seele sowie dem eigenen Krafttier, der Kraftpflanze und dem Kraftstein begegnen.

Da die Einsgerichtetheit zu einer Identifizierung mit dem Thema der (angenehmen) Ekstase führt, wird die Verbindung des Ekstatikers mit dem Thema seiner Ekstase als Liebe erlebt – was zu der Liebeslyrik und den erotischen Versen der Ekstatiker führt, die sie nach ihren Ekstasen über das Thema ihrer Ekstase verfassen.

Heutzutage sind in unserer Zivilisation nur die Ekstasen des Orgasmus und des „runners high" in das übliche Weltbild integriert.

In den leidvollen Ekstasen hat sich ein Mensch auf einen Aspekt des Süchtigen, des Asketen, des Täters, des Opfers, des Stars oder des Fans fixiert.

Die drei Grundgefühle der unangenehmen Ekstasen sind das Leid der drei oberen Chakren, der Frust der drei unteren Chakren und das Liebesleid und das Unglück des Herzchakras.

Die sechs Arten der leidvollen Ekstasen können allmählich entstehen und sich nach und nach steigern oder sie können plötzlich durch ein Trauma entstehen.

Die unangenehmen Ekstasen (Fixierungen) sind zwar weitgehend bekannt, aber werden in der Regel nicht als Ekstase aufgefaßt.

VII 16. c)   Das Ekstase-Thema

Das Maß der Konzentration und somit auch die Wahrscheinlichkeit, die Einsgerichtetheit zu erreichen, hängen von der Motivation ab, sich auf das betreffende Thema zu konzentrieren.

Bei den angenehmen Themen entsteht diese Konzentration zum Teil durch einen Entschluß (z.B. Meditation) und zum Teil spontan (z.B. Orgasmus).

Bei den unangenehmen Themen entsteht die Einsgerichtetheit meistens ungewollt wie z.B. bei der Panikattacke.

Jede Ekstase wurzelt letztlich in dem Wunsch zu leben und glücklich zu sein.

Ohne die Innenschau, durch die man sich selber erkennt, kann es geschehen, daß man auf Dinge und Gefühle einsgerichtet wird, die sehr unangenehme Situationen entstehen lassen.

VII 16. d)   Das Erleben der Ekstase

Ekstase ist maximale Erlebens-Intensität. Man muß sich selbst bei den angenehmen Ekstasen erst einmal an sie gewöhnen, um die Intensität der Freude, der Lust und des Glücks aushalten zu können.

Durch die Einsgerichtetheit nimmt man Details viel genauer wahr und sieht zudem innerhalb einer Sekunde sehr viel mehr Dinge, was den Effekt hat, daß man glaubt, daß die Zeit langsamer vergeht: Man erlebt und sieht in einer Minute mehr als sonst in zehn Minuten.

Bei der Traumreise ist dies umgekehrt – man betrachtet jedes Detail sehr lange und ausgiebig, wodurch die Zeit schneller zu vergehen scheint: Man erlebt und sieht in zehn Minuten weniger als sonst in einer Minute (aber man erlebt es dafür sehr viel gründlicher).

Die wichtigen Dinge erscheinen zudem größer und die unwichtigen kleiner als normalerweise.

Während der Ekstase wird weder gedacht noch gesprochen, da das Denken und Sprechen die Analyse und Darstellung einer Vielfalt erfordert, was der Einsgerichtetheit der Ekstase widerspricht. Lediglich Mantren, Singen, spontane Anrufungen einer Gottheit, lustvolles Stöhnen u.ä. sind möglich.

Den Übergang vom Wachen zur Ekstase erlebt man wie ein zweites Erwachen – er ist ein sehr markanter Übergang in einen anderen Zustand.

VII 16. d)   Ekstase, Astralreise und Hypnose

Die Einsgerichtetheit kann zum Erlangen der Astralreise benutzt werden, aber die Astralreise ist kein notwendiger Bestandteil einer Ekstase.

Die Einsgerichtetheit ist auch für das erfolgreiches Hypnotisieren eines Menschen notwendig, aber die Hypnose ist kein notwendiger Bestandteil einer Ekstase.

VIII   Ekstase in Magie und Religion

Da Religion und Magie u.a. auch „Wissenschaften des Bewußtseins" sind, ist es nicht verwunderlich, daß die Ekstase in diesen beiden Bereichen eine große Rolle spielt. Aus 90% aller religiösen Kulturen sind Ekstasen bekannt und in der Magie ist kaum etwas ohne die Einsgerichtetheit möglich.

Die Ekstase ist offensichtlich nicht nur ein intensiver angenehmer oder leidvoller Zustand, sondern auch ein Hilfsmittel, um zu religiösen Erlebnissen zu gelangen und um magische Wirkungen zu erzielen.

VIII 1.   Monotheismus

Die monotheistischen Religionen wie das Judentum, das Christentum, der Islam und der Buddhismus und z.T. auch einzelne Richtungen des Hinduismus sind durch das Prinzip der Zentrierung geprägt: Es gibt eine erste Ursache, aus der heraus alles entstanden ist und die die Quelle allen Glücks ist – sie wird in den meisten Fällen „Gott" genannt, aber im Buddhismus oder im Taoismus unpersonifiziert und etwas abstrakter als „Nirvana" bzw. „Tao" bezeichnet.

Entsprechend ist die Weltbeschreibung, die zu diesen Religionen gehört, die Philosophie, da diese die Gesamtheit der Phänomene aus einer ersten Ursache heraus erklärt – die Philosophie ist sozusagen die logische Seite der monotheistischen Religion und der ihr entsprechenden politischen Organisation als Königreich: alle Ursachen in einem einzigen Zentrum. In der individuellen Entwicklung entspricht die kulturelle Stufe des Monotheismus, der Philosophie und des Königtums der Entdeckung des Ichs durch das Kleinkind.

Naturgemäß spielt die Einsgerichtetheit in den spirituellen Methoden des Monotheismus eine große Rolle. Sie findet sich in den monotheistischen Religionen als die vollkommene Ausrichtung auf Jahwe, Gott oder Allah bzw. auf das Nirvana oder das Tao. Diese Einsgerichtetheit auf Gott führt zu der Erkenntnis und dem Erlebnis der Identität der eigenen Seele mit Gott – wenn Gott die Sonne ist, ist die eigene Seele ein Lichtstrahl der Sonne.

Der Begriff „Erwachen" wird oft für den Zustand der Ekstase, die sich auf die eigene Seele oder auf Gott bezieht, verwendet. Die „Erleuchtung" hingegen bezeichnet eher das Erfülltsein von Gott, also die „Gottes-Ekstase" – allerdings sind diese beiden Begriffe im allgemeinen alles andere als präzise.

Das Wort „Invokation" bedeutet wörtlich „Hereinrufen" und beschreibt einen Aspekt der Gottes-Ekstase. Bei der Invokation, die auch „Anrufung" genannt wird, stellt man sich in der ersten Phase eine Gottheit möglichst lebendig vor und beschreibt sie („Sie ist …"). In der zweiten Phase spricht man sie an und bittet sie um etwas („Du bist …"). In der dritten Phase verbindet man sich mit der Gottheit und nimmt deren Gestalt an und spricht als sie („Ich bin …"). Diese Methode der Einsgerichtetheit auf eine Gottheit und der Identifizierung mit dieser Gottheit ist sehr effektiv und weit verbreitet.

Die Einsgerichtetheit, bei der man sich ganz auf das Hier und Jetzt konzentriert, gehört oft zu den Methoden der Mystiker in den monotheistischen Religionen, aber sie ist letztlich nicht darauf beschränkt, sondern in Abwandlungen in den meisten Religionen zu finden.

VIII 2.   Schamanismus

Die Methode der Ekstase ist keine Erfindung des Monotheismus, sondern schon deutlich älter er – wie sollte man z.B. erfolgreich jagen können, wenn man nicht vollkommen auf das Beutetier ausgerichtet ist?

Auch die Jagdzauber, die es schon in der Altsteinzeit gegeben hat, benutzten die Einsgerichtetheit. In der späten Altsteinzeit und in der frühen Jungsteinzeit haben sich die Jäger dafür durch Felle, Masken, Tänze und vermutlich auch durch Trommeln und Gesänge immer mehr in das Bild, ein Panther zu sein, hineingesteigert. Es gibt sowohl aus der späten Altsteinzeit als auch aus der frühen Jungsteinzeit Darstellungen von Männern mit Pantherkopf u.ä. – sowohl kleine Statuetten aus Mammutelfenbein als auch lebensgroße steinerne Totempfähle.

Da die Schamanen in der Jungsteinzeit Pantherfelle als Abzeichen getragen haben (später dann Löwenfelle), ist anzunehmen, daß die Ekstasen der Schamanen mit den „Panther-Ekstasen" der Jäger gleichgesetzt wurden.

Es ist gut denkbar, aber nicht sicher, daß es auch in den Schwitzhütten-Zeremonien, in denen sich die Teilnehmer wieder mit der Großen Mutter verbanden, Ekstasen gegeben hat.

VIII 3.   Mythologisch-magische Religionen

Aus der Religion der Jungsteinzeit (10.000-3.250 v.Chr.) sind vor allem die Panther-Tänze der Schamanen bekannt.

Vermutlich hat es zumindestens in der späten Jungsteinzeit (7.000-3.250 v.Chr.)

auch Ekstase-Kulte im Zusammenhang mit der Muttergöttin gegeben, da in den frühen schriftlichen Überlieferungen in Ägypten und Mesopotamien ekstatische Elemente im Kult der Muttergöttin beschrieben werden.

Durch den Ackerbau, der um ca. 8400 v.Chr. begonnen wurde, kam möglicherweise auch noch der Regenzauber hinzu – doch das ist sehr unsicher, da die Bewässerung in Ägypten und Mesopotamien vor allem durch die Flüsse Nil, Euphrat und Tigris gesichert wurde.

Die Darstellungen der Schamanen bei der Jenseitsreise sind bei den Ägyptern, in der Harappa-Kultur im westlichen Indien und bei den Indogermanen recht einheitlich. Sie sitzen mit geschlossenen Augen und untergeschlagenen Beinen auf einem Podest und werden bei den Ägyptern zusätzlich durch eine Decke, in die der Schamanen-Priester („Sem-Priester") gehüllt ist, als „Mensch im Jenseits" dargestellt. Offenbar hat es auch eine Jenseitsreise-Ekstase gegeben, die sowohl eine Einsgerichtetheit als auch eine Astralreise gewesen ist. Berichte über diese Form der Jenseitsreise dieser „Schamanen-Priester auf dem Podest" gibt es u.a. von den Ägyptern, von den Indern, von den Kelten (Druiden), von den Germanen (Zauberer) und von den Griechen (Mysterien).

Die frühen Texte der Ägypter und der Sumerer zeigen, daß es im frühen Königtum und sehr wahrscheinlich auch schon in der späten Jungsteinzeit eine Einsgerichtetheit auf die eigene Seele gegeben hat, da die Treue zu der eigenen Seele als der sicherste Führer im eigenen Leben angesehen worden ist.

Die Sumerer, die die eigene Seele und auch die Richtigkeit, also das richtige Verhalten als „Me" bezeichnet haben, hatten ein Sprichwort, das diese Haltung sehr gut zusammenfaßt: „Ohne das eigene Me gelingt einem nichts – mit dem eigenen Me gelingt einem alles."

VIII 4. Kundalini

Die Kundalini ist keine rein indische Entdeckung, auch wenn sie heutzutage vor allem aus Indien bekannt ist. Sie wurde bereits in den Tempeln der frühen Jungsteinzeit um 9.000 v.Chr. als geringelte Schlange, die an dem Hinterkopf eines Mannes emporsteigt, dargestellt. Später erscheint sie dann als die Uräus-Schlange an der Stirn des Pharaos, als Kundalini über dem Kopf von Shiva und Buddha, als Feuerstrahl auf dem Kopf der Druiden (Cú Chulainn), als Schlange im Wurzelchakra bei den Jenseitsreise-Darstellungen der Germanen („Goldhörner von Gallehus"), bei den Chinesen als Drache, bei den Azteken als Quetzalcoatl usw.

Die Symbolik der Kundalini-Schlange stammt daher ungefähr aus der Zeit der Ankunft des Homo sapiens in Eurasien vor ca. 50.000 Jahren, da er der gemeinsame

Vorfahre der Völker ist, von denen eine solche Symbolik bekannt ist.

Die Ursache für diese Schlangen-Symbolik ist recht einfach: Der Schamanismus ist die älteste Form der Religion – sie besteht im Wesentlichen aus dem direkten Erleben der Existenz der Seelen bei der Astralreise (vorübergehend den eigenen Körper verlassen). Das zentrale Ereignis, durch das ein Mensch zum Schamanen oder zur Schamanin werden kann, ist die Astralreise beim Nahtod-Erlebnis. Anschließend muß der angehende Schamane dann durch Übung erlernen, willentlich seinen Körper verlassen zu können. Das Erlernen der Astralreise und die Erweckung des Kundalinifeuers sind jedoch zu einem großen Teil identisch miteinander und unterscheiden sich nur im letzten Teil voneinander: Bewegt sich die Lebenskraft im Körper (Kundalini) oder bewegt sich die Lebenskraft aus dem Körper hinaus (Astralreise)?

Diese weitgehende Gleichheit der beiden Übungswege wird schon sehr früh dazu geführt haben, daß die Schamanen, die die Astralreise erlernt haben, auch das Kundalinifeuer entdeckt haben werden – ihre früheste Darstellung ist die Schlange auf dem steinernen Kopf von 9.000 v.Chr.

Die Kundalini kann auf zwei grundsätzlich verschiedene Weisen geweckt werden: zum einen durch die Konzentration (zusammen mit Imaginationen, Mantren u.ä.) auf das Wurzelchakra, was das Aufsteigen der Kundalini bewirkt, was seinerseits alle Blockaden in den sieben Chakren bewußt werden läßt, da die Kundalini durch diese Blockaden hindurchdrängt – was ziemlich unangenehm sein kann; und zum anderen durch die Auflösung aller Blockaden in der Psyche (d.h. in der Chakren), wodurch die Kundalini nirgendwo mehr behindert wird und spontan frei zu fließen beginnt. Die gleichzeitige Benutzung beider Methoden ist in der Regel am effektivsten.

Während der Orgasmus eine Ekstase des Wurzelchakras und teilweise noch des Haras ist, ist das Fließen der Kundalini eine Ekstase aller Chakren.

VIII 5. Magie

In der Magie ist die Ekstase bzw. genauer gesagt die Einsgerichtetheit ein wesentliches Element: Magische Wirkungen werden durch eine möglichst lebhafte Imagination, durch möglichst genaue Analogien (Symbolik) und durch eine möglichst hohe Konzentration bewirkt.

Am effektivsten ist die Einsgerichtetheit. Ebenfalls noch sehr effektiv ist das „Wünschen und Vertrauen", das die Einsgerichtetheit indirekt durch das Vertrauen in eine Gottheit, die den Wunsch erfüllt, erreicht. Die dritte und am wenigsten aufwändige Variante ist das „Wünschen und Vergessen", wobei das Vergessen die Funktion hat, den Wunsch rein und daher einsgerichtet zu erhalten, also nachträglich keine Zweifel in den Wunsch zu mischen und dadurch seine Einsgerichtetheit zu stören.

Durch diese Einsgerichtetheit lassen sich sowohl die „gewöhnliche Magie" wie die Lenkung des Zufalls, die Telepathie, das Vorhersehen der Zukunft u.ä. herbeiführen als auch die „außergewöhnliche Magie" wie Materialisierungen, Verwandlungen u.ä., wobei bei dieser zweiten Form der Magie auch das Anrufen einer Gottheit notwendig ist. Einge wenige Formen der Magie wie der Feuerlauf, bei dem man barfuß über glühende Kohlen geht, scheinen zwischen diesen beiden Formen der Magie zu stehen.

In manchen Kulturen gehören diese Formen von Magie zum normalen Alltag wie z.B. das Heilen von Beinbrüchen durch in hoher Konzentration durchgeführte Gesänge bei den australischen Aboriginals oder früher die Kampf-Ekstase bei einigen keltischen Kriegern oder bei den germanischen Berserkern, die nicht durch Waffen oder Feuer verletzt werden konnten. Sowohl die Aboriginals als auch die Berserker haben sich durch verschiedene Methoden in Ekstase versetzt, um ihre besonderen Fähigkeiten zu erlangen.

VIII 6.   Ekstase-Gottheiten

Es gibt einige Gottheiten, die eng mit der Ekstase verbunden sind.

Die Mythen des Dionysos, der von den Römern „Bacchus" genannt worden ist, beschreiben vor allem die Ekstase sowohl des Gottes selber als auch seiner Verehrer. Dies gilt auch für Shiva, für den ägyptischen Gott Bes sowie weitgehend auch für den kleinasiatischen Gott Attis.

Die ägyptische Göttin Hathor ist hingegen selber keine Ekstase-Göttin – die Ekstase findet sich bei ihr jedoch als Element in ihrem Kult.

Diese Gottheiten werden im übernächsten Kapitel näher betrachtet.

IX   Ekstase-Methoden

IX 1.   Einsgerichtetheit

Der Kern jeder Ekstase-Methode ist die Einsgerichtetheit, die Bündelung der Motivation. Dazu müssen die verschiedenen Motivationen miteinander zu einer einheitlichen Richtung integriert werden.

IX 2.   die Grundlage der Einsgerichtetheit

IX 2. a)   Konzentration

„Konzentration" bedeutet „um eine Mitte herum anordnen". Diese Mitte ist das Ekstase-Thema, auf das man sich ausrichtet. Die Intensität der Konzentration hängt von der Motivation ab, also davon, wie groß die Bedeutung des Themas für den Betreffenden gerade ist.

IX 2. b)   Motivation

Die Wurzel der Motivation kann man auf zwei Weisen betrachten – zum einen von der Seele aus und zum anderen vom Körper aus. Von der Seele aus betrachtet ist das Streben nach Leben und Glück die Motivations-Wurzel – vom Körper aus gesehen sind die Selbsterhaltung und die Fortpflanzung die Motivations-Wurzel.

Da die Psyche normalerweise voller Bedenken, Zweifel, Süchten, Ängsten u.ä. ist, kommt es des öfteren vor, daß die Motivation alles andere als einheitlich ist: Man will etwas und will es gleichzeitig nicht – „Ja-Nein!" oder „Komm, geh' weg!" Auf diese Weise kann man jedoch am ehesten eine Mangel-Fixierung, aber keine Fülle-Ekstase erreichen.

Daher ist es ausgesprochen förderlich, sich die eigenen Motivationen genauer anzuschauen und bei jedem „Ja, aber …" sowohl das „Ja" als auch das „aber" bis zu seiner Wurzel zurückzuverfolgen und sich dann auf die gemeinsame Wurzel der beiden Impulse zu konzentrieren. Man könnte diesen Vorgang „Rückbesinnung" oder „Psychosynthese" nennen. Ohne ihn kommt es immer wieder zur Selbstsabotage und zur Verhinderung des Genießens von dem, was da ist.

Zudem ist es auch hilfreich, sich selber treu zu bleiben und zu schauen, was man wirklich will. In den meisten Fällen lassen sich Ersatzhandlungen, Anpassungen an andere, Machtstreben u.ä. zwar relativ leicht erkennen, aber weniger leicht ändern – dazu ist es notwendig, das zu fühlen, was sich hinter diesen Verhaltensweisen verbirgt … und diese verborgenen Gefühle sind meistens ziemlich intensiv. Doch auf diese Weise gelangt man nach und nach zu einem konzentrierten Bewußtsein und zu eins-gerichteten Impulsen.

Diese „Psychosynthese" ist das Thema fast aller Therapien.

Der sicherste Weg, das zu erhalten, was man haben will, ist nichts anzunehmen, was man nicht haben will.

Der sicherste Weg, das zu erreichen, was man erreichen will, ist das anzustreben, was wirklich wesentlich ist.

Der sicherste Weg, das zu leben, was man ist, ist alles zu beenden, was nicht aus dem eigenen Herzen kommt.

IX 2. c) Tricks

Die Ekstatiker haben sich im Laufe der Zeit einige Tricks ausgedacht, um ihren Schülern das Erlangen der Ekstase einfacher zu machen.

Ein sehr einfacher Trick ist das Jonglieren – das funktioniert einfach nicht, wenn man nicht konzentriert ist.

Ein ähnlicher Trick ist der Seiltanz – man fällt vom Seil oder von der Slack-Line herunter, wenn man nicht voll konzentriert ist.

Dasselbe gilt auch für das „Karate-Holzhacken" – auch das funktioniert nur, wenn man konzentriert und voller Vertrauen ist … und die richtigen inneren Bilder benutzt, d.h. sich nicht auf die Härte des Holzes konzentriert, sondern sich vorstellt, die Hand mühelos bis zu der Stelle 20cm unter dem Holzstück zu bewegen.

Im Kung-Fu der Shaolin-Mönche gibt es eine ganze Reihe von Übungen, die nur mit hoher Konzentration möglich sind, und bei denen man sich aufgrund ihrer Ge-fährlichkeit auch mühelos konzentrieren wird – wie sich z.B. an einem Strick am Hals aufzuhängen und den Hals so anzuspannen, daß man trotzdem mühelos weiteratmen kann.

In Tibet müssen die Mönche vor ihrer Ordination die Tummo-Meditation (das Erwecken des inneren Kundalini-Feuers) dazu benutzen, fünfmal in einer Nacht ihre in Wasser getauchte und hartgefrorene Kleidung zu trocknen. Bei den eisigen Temperaturen in den Nächten in Tibet ist die Motivation, die eigene Kleidung durch das innere Feuer zu trocknen, dabei nicht das Problem …

Die Sufis haben zur Erlangung der Einsgerichtetheit die Derwisch-Tänze entwickelt, bei denen man sich lange Zeit auf der Stelle schnell im Kreis dreht – sobald die Konzentration schwankt, wird dem Tänzer schwindelig und er fällt um.

Alle diese Tricks sind auf dieselbe Weise aufgebaut: Um etwas Unangenehmes im Außen zu vermeiden, ist man einsgerichtet – und erlangt dadurch nebenher die Ekstase.

IX 3.   Hilfen bei der Erlangung der Einsgerichtetheit

IX 3. a)   Einsgerichtetheit

Die klare Ausrichtung auf ein Thema ist die Grundlage jeder Ekstase. Wenn man z.B. ein Mantra singt und dabei auch an seinen Vermieter, die Beziehungskrise und den nächsten Einkauf denkt, wird die konzentrierende Wirkung des Mantras stark abgeschwächt.

Um die Einsgerichtetheit zu erreichen, ist die bereits beschriebene „Psychosynthese" notwendig – die Rückkehr zu den Wurzeln der eigenen ursprünglichen Impulse im eigenen Herzchakra.

Da die Einsgerichtetheit ganz auf ein einziges Thema ausgerichtet ist und dieses Thema gerade von Bedeutung ist, führt die Einsgerichtetheit auch zu einer festen Verankerung im Hier und Jetzt.

IX 3. b)   Vertrauen

Die Einsgerichtetheit braucht das Vertrauen in etwas Größeres, da es sonst schwierig werden könnte, die ganzen Ersatzhandlungen, die Angst-Fixierungen, das Machtstreben, das Mangel-Gefühl usw. loszulassen, durch die sich der Betreffende gegen die Welt schützt.

Dieses Größere kann die eigene Seele sein, das Schicksal, Mutter Erde, Gott und noch vieles mehr. Dieses Vertrauen ermöglicht es, neue Wege auszuprobieren und zu einem Verhalten zurückzukehren, das den ursprünglichen Impulsen des eigenen Herzens entspricht.

Dieses Vertrauen ermöglicht es auch, sich ins Hier und Jetzt hinein zu entspannen.

Es ermöglicht weiterhin, alle Ablenkungen ohne Mühe einfach vorbeifließen zu lassen, weil man keine Sorge haben muß, etwas zu verpassen, bedroht zu werden oder sonstwie in dem, was man ist und will, beeinträchtigt zu werden.

Auch in der Magie braucht man das Vertrauen oder das Loslassen: „Wünschen und den Wunsch vergessen" oder „Wünschen und auf die Erfüllung des Wunsches vertrauen".

Fülle braucht das Zulassen und das Fließen …

IX 3. c) Gefühle

Eine Ekstase kommt nicht nur durch Nachdenken zustande. Nachdenken kann ein Teil des Weges zur Ekstase sein, wenn man z.B. etwas erforscht oder wenn man die eigene Psyche ergründet, aber das Verlangen, etwas zu erreichen, ist die Voraussetzung für das Erreichen einer Einsgerichtetheit – selbst Buddha hat vor seiner Erleuchtung unter dem Bo-Baum das heftige Verlangen gehabt, der Welt und dem Leben auf den Grund zu gehen und sich nicht wieder zu erheben, bevor er die Wurzel aller Dinge gefunden hat.

Derartige Entschlüsse sind sehr emotional und sie sind die Quelle der Einsgerichtetheit und daher auch die Quelle der Ekstase – in Buddhas Fall das Erreichen des Nirvanas.

Dieses „emotionale Beteiligtsein", also die Begeisterung für ein Ziel, richtet alle Impulse in der Psyche auf dieses Ziel aus. Diese Ausrichtung kann nur dann effektiv sein, wenn das Ziel ein weitgehend unverzerrter Ausdruck der eigenen Wahrheit ist. Daher gründet Ekstase letztlich in der Seele im Herzchakra.

Eine andere Form, in der die Gefühle beim Erreichen einer Ekstase eine große Rolle spielen, ist die Verbundenheit mit dem Ziel, mit dem Ekstase-Thema. Dies kann z.B. die Liebe zu einer Gottheit sein („Bhakti-Yoga"), aber auch die Liebe zu einem Menschen.

Letztlich ist jedoch Buddhas Entschluß, die Wahrheit herauszufinden, und die Liebe zu einer Gottheit dasselbe: Beide streben nach dem, wovon sie annehmen, daß es ihnen guttun wird.

Die Gefühle sind die Kraft der Motivation. Die Motivation ist die Sonne im Herzchakra, die Gefühle sind die Strahlen dieser Sonne im Sonnengeflecht und im Halschakra.

Die Intensität der Ekstase hängt davon ab, wie groß die Gefühle in der Motivation sind, die zu dieser Ekstase geführt hat.

Von den Berserkern („Bärenfell-Leute") und den Ulfhedinn („Wolfshaut-Leute"), also von den germanischen Ekstase-Kriegern, wird berichtet, daß sie sich durch Brüllen und Stampfen und durch das Beißen in ihren Schildrand in ihre Kampf-Ekstase versetzt haben. Das Stampfen, Brüllen und Beißen scheint vor allem ein Ausdruck der Kampfeswut zu sein – sie scheinen sich also durch das Hineinsteigern in die Wut auf den Gegner in die Kampf-Ekstase versetzt zu haben. Dies ist offensichtlich eine rein emotionale Methode, um sich in Ekstase zu versetzen.

IX 3. d)   Rhythmus

Unter den Hilfsmitteln zur Erlangung der Ekstase scheint der Rhythmus das zentrale Element zu sein. Mit „Rhythmus" ist hier die Wiederholung von etwas Gleichem in einem festgelegten Zeitabstand gemeint. Dies kann ein Wort, ein Satz, ein Liedvers (Mantra), eine Melodie (Trommeln u.a. Instrumente) oder eine Bewegung (Tanz) sein.

Diese Formen der Wiederholung sind sozusagen eine „zeitliche Einsgerichtetheit". Häufig werden auch Trommeln, Musik, Gesang und Tanz miteinander kombiniert (Schamanen, Derwische u.a.).

In sehr ähnlicher Weise findet sich diese Kombination auch bei der Marschmusik des Militärs: Trommeln, Marschmusik, Gesang und Bewegung (Marschieren) werden miteinander koordiniert. Dasselbe gilt auch für die meisten Kriegstänze.

Durch den Gesang wird indirekt auch noch die Atmung in den Rhythmus miteinbezogen.

Die rhythmische Reizwiederholung findet sich in neuerer Zeit auch in der Musik und in den Lichteffekten in Diskotheken.

Eine spezielle Methode ist die Benutzung von Stroboskopen vor allem in Diskotheken, die schnelle Lichtblitze aussenden. Diese Lichtblitze haben eine Frequenz von ungefähr 6Hz, was der Frequenz des Traumzustand-EEGs im Menschen entspricht.

Eine weitere Methode ist die Verwendung von Polyrhythmus in der Musik. Dabei werden mehrere verschiedene Takte (Einheiten von Tonlängen) und auch Rhythmen (Betonungen von Tönen) miteinander kombiniert. Zum einen bildet der Polyrhythmus für den Musiker einen Druck zu einer höherer Konzentration und zum anderen ist er auch für die Zuhörer oder Tänzer ein Klang, der die Wahrnehmung sehr stark beschäftigt, da diese den Rhythmus entschlüsseln will.

Beim Polyrhythmus werden entweder Takte mit gleicher Notenlänge oder Noten mit verschiedener Länge miteinander kombiniert.

Im ersten Fall spielt z.B. das eine Instrument im 3/4-Takt und das andere im 4/4-Takt. Dadurch ergibt sich in der Musik eine komplexe 12/4-Einheit: Wenn 4-mal ein 3/4-Takt gespielt worden ist und wenn 3-mal ein 4/4-Takt gespielt worden ist, beginnen beide Musiker wieder mit dem ersten Ton ihres Taktes.

Im zweiten Fall spielt ein Musiker z.B. in einem Stück, das im 4/4-Takt geschrieben worden ist, eine Triole, d.h. er spielt in der Zeit, die normalerweise durch vier Viertelnoten (ein ganzer Takt) ausgefüllt wird, nur drei gleichlange Noten, die ein Drittel länger sind als die in diesem Takt üblichen Viertelnoten. Diese Noten rufen eine große Spannung in der Musik hervor.

Eine ähnliche Methode wird häufig in der orientalischen Musik verwendet, in der es viele komplexe Takte gibt, die aus mehreren Einheiten aufgebaut sind, die sich wiederholen (z.B. 2/4 – 4/4 – 4/4 – 3/4). Dadurch müssen sich sowohl die Musiker als auch die Tänzer sehr stark konzentrieren, um nicht aus dem Takt zu geraten. Auch dies ist ein Hilfsmittel zur Erlangung einer Einsgerichtetheit.

Diese drei komplexeren Formen des Taktes und des Rhythmus setzen bei der Aufmerksamkeit an und nicht bei der Bewegung oder bei dem Gefühl, um eine Ekstase zu erlangen.

Es gibt einige Meditationen, die den Takt der Musik und des Tanzes zusätzlich auch noch mit dem Herzschlag koordinieren – aber das ist recht selten. In der Regel wird in Mantra-Meditationen u.ä. der Atem als Taktgeber benutzt.

Auch Lyrik enthält durch die Verslänge, die Verteilung der betonten Silben, durch die verschiedenen Arten des Reims und durch den Refrain einen Takt und einen Rhythmus, der sich jedoch nur dann deutlich zeigt, wenn die Verse laut vorgetragen werden. In den verschiedenen Kulturen sind unterschiedliche Formen der Wiederholungen entwickelt worden, um einen solchen „lyrischen Rhythmus" herzustellen: Endreim, Innenreim, Halbreim, Stabreim, ein Gegensatz in jedem Vers, ein Superlativ an jedem Versanfang, die Wiederholung derselben Aussage mit anderen Worten aber mit demselben grammatischen Satz-Aufbau usw.

Durch die Verwendung dieser Formmittel beginnen die vorgetragenen Verse zu „schwingen".

In Anrufungen, Märchen und in manchen Erzählungen werden Wiederholungen benutzt, um einen Rhythmus und dadurch eine Fokussierung herzustellen.

Auch in der normalen Hypnose werden bestimmte Formeln in vielfältig abgewandelter Form wiederholt, um die Aufmerksamkeit des Hypnotisierten zu bannen.

Diese Möglichkeit des Prägens durch Wiederholung wird auch in der Politik durch

Schlagworte, Grüße, Wiederholung von Aussagen usw. angewendet. Auf diese Weise kann die allgemeine Meinungsbildung stark beeinflußt werden – sozusagen eine kollektive Hypnose.

Eine individuelle Variante dieser Methode ist die sogenannte „Gehirnwäsche".

Sowohl die Propaganda als auch die Gehirnwäsche zielen nicht auf eine Ekstase ab, sondern auf eine „Gleichschaltung" aller Individuen, also auf eine Einsgerichtetheit des Volkes auf den Willen des Anführers.

Einsgerichtetheit kann auch spontan entstehen – z.B. durch ein Erschrecken. Eine Ekstase entsteht jedoch erst dann, wenn diese Einsgerichtetheit längere Zeit anhält – was durch einen Rhythmus am leichtesten erreicht werden kann.

IX 3. e) Ritual

Ein Ritual ist eine traditionelle und immer wieder durchgeführte Folge von Handlungen. Wenn dieses Ritual eine kurze oder leicht erfaßbare Struktur hat und häufig durchgeführt wird, kann auch das Ritual einen Rhythmus erzeugen und dadurch die Konzentration erhöhen.

Ein Beispiel für einen solchen Ritual-Rhythmus sind die fünf täglichen gemeinsamen Gebete der christlichen Mönche und auch der Mohammedaner.

IX 3. f) Auflösung jeder Form

Der dem Ritual entgegengesetzte Ansatz ist die Auflösung jeglicher Form durch Spontanität oder durch Handlungen und Hilfsmittel, die dies fördern wie z.B. im Kult des Dionysos die Ausrichtung auf Wein, Erotik und Wildheit.

In diesem Fall ist es der direkte Ausdruck der Gefühle, der die Einsgerichtetheit herstellt.

IX 3. g) Gruppen-Ekstasen

Die Ekstase kann individuell, aber auch in einer Gruppe erlangt werden. Je nach der eigenen Veranlagung kann eine Gruppe das Erreichen der Ekstase deutlich erleichtern.

Gruppen-Ekstasen sind z.B. von Tanz-Festivals, von Sonnentänzen, von Derwisch-tänzen, von den Massenekstasen bei dem Orakel von Delphi und von den Isis-Prozessionen im Römischen Reich bekannt.

Entsprechend gibt es auch Gruppen-Fixierungen, also leidvolle Gruppen-Ekstasen wie z.B. bei politischen Großveranstaltungen in Diktaturen wie dem Dritten Reich oder bei einer Massenpanik.

IX 3. h) Imagination

Viele Ekstasemethoden beziehen die Imagination mit ein. Bei Meditationen kann z.B. der Fluß der Lebenskraft als Bewegung von weißem Licht (Atemübungen, Pranayama) oder als Glühen oder Strahlen (Kundalini) imaginiert werden.

Bei einigen Tänzen stellen sich die Tänzer und Tänzerinnen vor, die Gestalt einer Gottheit, ihres Krafttieres o.ä. anzunehmen.

Auch im Tantra-Yoga imaginieren die Teilnehmer, daß sie die Gestalt einer Gottheit haben.

Diese Methode ist ebenso aus dem Christentum bekannt: Die Mönche des Jesuiten-Ordens lesen täglich im Neuen Testament und stellen sich dabei vor, alles aus der Sicht von Christus zu erleben.

IX 3. i) Isolation

Eine einfache Form der Unterstützung der Einsgerichtetheit ist die „sensorische Deprivation", d.h. die Verminderung von äußeren Eindrücken, die die Psyche von dem angestrebten Ekstase-Thema ablenken könnten.

Die wichtigsten Methoden sind dabei Einsamkeit (Einsiedler), Schweigen, Fasten und allgemein jede Form der Askese. Die dadurch freiwerdende Zeit wird mit Gebet, Schweigen, Meditation, Gesang, Ritualen u.ä. ausgefüllt.

Die schlichteste und gründlichste und die zugleich einfachste und schwierigste Methode ist die innere Stille, die das Kernstück des Zen-Buddhismus ist.

IX 3. j) Todessymbolik

Die Isolation ist unter anderem auch eine Todessymbolik – jegliche Wahrnehmung der äußeren Welt endet und man nimmt nur noch sich selber wahr.

Daher findet sich in vielen Meditationen und Ritualen die Nachahmung des Todes-Zustandes, die zunächst einmal der Erlangung des Kontaktes mit der eigenen Seele dient. Diese Todes-Symbolik, d.h. die Jenseitsreise ist das zentrale Element im Schamanismus und in den Mythen der Götter, die auf einen Schamanen oder auf einen Korngott zurückgehen.

In Bezug auf die Erlangung einer Ekstase ist die Todes-Symbolik vor allem ein Hyper-Ruhestand. Man erreicht die Einsgerichtetheit durch Schweigen, Reglosigkeit, Meditieren auf einem Friedhof, Liegen in einem symbolischen Grab u.ä.

IX 3. k)   Gottheiten

In sehr vielen Ekstasemethoden ist die Konzentration auf eine Gottheit das zentrale Element: Zu ihr wird gebetet, sie wird angerufen, für sie wird gesungen, für sie wird getrommelt, sie wird getanzt, sie wird imaginiert … und die Teilnehmer identifizieren sich mit ihr.

Da Gottheiten zwar grenzenlos sind, aber eine sehr klare Qualität und eine klare Kontur haben, erleichtern sie die Einsgerichtetheit – und sie kommen dem Ekstatiker entgegen, wenn er sie ruft.

IX 3. l)   Erregung durch Atmen

Das Erzeugen einer Erregung ist eine beliebte Methode, um die Einsgerichtetheit einfach durch die Erzeugung eines intensiven Gefühls oder Erlebens zu fördern.

In Bezug auf das Atmen gibt es die Hyperventilation, also das schnelle, tiefe Atmen, dann das stark verlangsamte Atmen, und schließlich die Atemübungen, bei denen ein bestimmter Atemrhythmus eingehalten wird (Pranayama).

Die Wirkungen dieser drei Atem-Methoden sind recht verschieden:

> Die Hyperventilation lädt den Lebenskraftkörper mit Lebenskraft auf, wodurch Blockaden in der Psyche fortgeschwemmt werden können;
> die Reduzierung des Atems fördert die innere Stille (Todessymbolik);
> und die Atemübungen haben schließlich abhängig von dem verwendeten Atemrhythmus sehr verschiedene Wirkungen.

Bei der Benutzung des Atems zur Erlangung einer Ekstase ist daher eine Klarheit über das genaue Ziel und eine Kenntnis der Wirkung der einzelnen Atemtechniken ausgesprochen sinnvoll.

IX 3. m)   Erregung durch Sexualität

Die Sexualität ist eines der einfachsten Hilfsmittel zur Erlangung einer Ekstase. Wenn man jedoch mithilfe der sexuellen Spannung andere Erlebnisse als den Orgasmus erreichen will, sind Klarheit über das Ziel, Selbstbeherrschung und vor allem die Einigkeit der beiden Teilnehmer über das, was sie tun, notwendig.

Das differenzierteste System zur Nutzung der Sexualität für spirituelle Zwecke findet sich im tibetischen Buddhismus (Tantra-Yoga).

Für Männer und Frauen bestehen bei der Erregung durch sexuelle Methoden verschiedene Herausforderungen, da der Orgasmus der Frau dem Erwachen der Kundalini deutlich ähnlicher ist als der Orgasmus des Mannes. In beiden Fällen ist das Grundprinzip jedoch der Aufbau der sexuellen Spannung ohne „die Welle überkippen zu lassen". Es wird die Spannung angestrebt und nicht die Entladung der Spannung, da diese Spannung, wenn sie lange genug bestehen bleibt, sich neue Wege sucht und dann als Kundalini im Körper aufsteigt.

IX 3. n)   Erregung durch Anstrengung

Auch physische Anstrengung kann ein Hilfsmittel beim Erreichen einer Einsgerichtetheit sein. Am einfachsten ist dies, wenn diese Anstrengung zugleich auch noch einen Rhythmus hat wie beim Joggen. Aber auch bei vielen anderen Bewegungsformen und Sportarten gibt es die Möglichkeit, die Einsgerichtetheit zu erlangen. Im Gegensatz zum Joggen sind dies aber oft nur kurze Augenblicke wie beim Stabhochspringer vor seinem Sprung oder bei dem Torwart vor dem Elfmeter – die Ekstaseerzeugende Wirkung bei diesen Kurzzeit-Einsgerichtetheiten ist nicht so groß wie bei denen, die über einen längeren Zeitraum hin andauern.

IX 3. o)   Erregung durch Kampf

Auch die Lebensgefahr im Kampf kann eine Ekstase hervorrufen. Andererseits kann auch das Hervorrufen einer Ekstase dazu dienen, das gesamte Potential in einem Krieger zu wecken wie (Berserker u.a.).

IX 3. p) Drogen

Drogen sind ein beliebtes Mittel, um auf eine einfache Weise einen veränderten Bewußtseinszustand zu erreichen. Die Nachteile dieser Methode sind der Mangel an Lenkungsmöglichkeiten des erlangten Zustandes, die Kosten für die Beschaffung der Drogen, die mögliche körperliche Schädigung durch die Drogen und schließlich die Gefahr der Unselbständigkeit, d.h. des Angewiesenseins auf diese Drogen bzw. sogar die Abhängigkeit von ihnen.

Im allgemeinen kann man sagen, daß Drogen, die nur in einem rituellen Rahmen wie im Schamanismus oder in den Mysterienkulten eingenommen werden, meistens ungefährlicher sind, da dabei zum einen sachkundige Ritualleiter anwesend sind und zum anderen die Suchtgefahr deutlich kleiner ist.

Letztlich ist es so, daß die Drogen in der Psyche nichts entstehen lassen können, was nicht schon in der Psyche vorhanden ist. Die verschiedenen Wirkungen lassen sich auch durch die passenden Meditationen, Rituale, Traumreisen usw. erreichen: die Wirkung von Marihuana z.B. durch Mond-Rituale, Runen-Übungen, Entspannungs-übungen und das Erlernen des Hellsehens; die Wirkung von Ecstasy durch Traum-reisen zur Großen Göttin (Kabbala: Binah, Shekinah); die Wirkung von LSD durch die Annäherung an den Bereich der Seelen usw.

Diese Übereinstimmung der auftretenden Phänomene bei der Einnahme einer bestimmten Droge und bei der ihr entsprechenden Meditation geht bis ins Detail: So verändert sich bei der meditativen Annäherung an den Seelen-Bereich die optische Wahrnehmung genauso wie bei der Einnahme von LSD: die Konturen werden extrem scharf, die Formen verwandeln sich in einem endlosen Fluß und das Wahrgenommene beginnt von innen her zu leuchten.

Es gibt folglich die Möglichkeit, die Drogen-Erlebnisse auch ohne Drogen zu erleben – und ohne die negativen Nebenwirkungen der Drogen.

Es gibt auch einige Substanzen, die auf den ersten Blick wie Drogen wirken, aber hauptsächlich einen symbolischen Charakter haben wie der Soma-Trank der Inder, der Haoma-Trank der Perser, der Met der Kelten und Germanen, der Nektar ambrosia der Griechen, der Trank im Kelch der Göttin Hathor bei den Ägyptern, der Balché-Trank der Mayas, der Wein im Abendmahlskelch der Christen, das Lebenselixier der Alchemisten in Europa und Indien usw.

Alle diese „magischen Tränke" gehen letztlich auf die Milch der Göttin zurück, die im Jenseits die Toten nach deren Wiedergeburt stillt – daher gibt dieser symbolische Trank den Ritualteilnehmern vor allem ihr Urvertrauen zurück.

IX 4. Der Aufwand bei der Erlangung der Einsgerichtetheit

Die bisherigen Beschreibungen mögen den Eindruck erwecken, daß das Erlangen einer Ekstase eine mühsame Angelegenheit ist – was auch der Fall sein kann.

Aber es gibt auch mühelose und spontane Ekstasen wie den Orgasmus oder den Effekt, daß man, wenn man frisch verliebt ist, manchmal kaum noch zu essen und zu schlafen braucht. Es kann auch geschehen, daß bei der bloßen Umarmung eines geliebten Menschen in beiden die Kundalini erwacht und die innere Hitze aufsteigt. Auch der immer wieder berichtete Fall der Mutter oder des Vaters, die ein Auto o.ä. anheben, um das bei einem Unfall darunter geratene Kind zu befreien, ist eine solche Ekstase, in der die Betreffenden eine Kraft entwickeln, die weit über das hinausgeht, wozu sie normalerweise fähig wären.

Manchmal haben auch spontane, einsgerichtete Wünsche eine große Wirkung und gehen schon nach einer halben Stunde in Erfüllung.

IX 5. Die Stabilisierung der Einsgerichtetheit

Wie alle Bewußtseinszustände neigt auch die Ekstase dazu, sich zu stabilisieren: Es ist ein Aufwand nötig, um sie zu erreichen, und es ist auch ein (kleinerer) Aufwand nötig, um sie wieder zu verlassen.

Derselbe Effekt findet sich auch bei Fixierungen, also bei leidvollen Ekstasen: Es muß etwas Gravierendes geschehen, damit eine Fixierung entsteht, und es erfordert auch einen meist großen Aufwand, um eine solche Fixierung wieder aufzulösen.

IX 6. nach der Einsgerichtetheit

Nach einer intensiveren Ekstase kehrt man oft nicht einfach in den Wachzustand zurück, sondern geht gleich weiter bis in den Traumzustand und schläft ein – man integriert das vorangegangene Erlebnis. Dies ist vom Orgasmus allgemein bekannt, aber es findet sich z.B. auch bei der manchmal tagelangen Erschöpfung der Berserker nach einem Kampf.

Allerdings muß nicht auf jede Ekstase ein Traumzustand folgen. Vermutlich hängt dies zum einen von der Intensität der Ekstase ab und zum anderen auch davon, welchen Charakter diese Ekstase gehabt hat – eine gleichmäßige, langanhaltende und gut vertraute Ekstase wie das „runners high" der Jogger oder die bei einer Herzmeditation auftretende Ekstase erfordert schließlich nicht jedesmal aufs Neue eine Integration des Erlebnisses in die Psyche.

X   Traumreisen zu den Ekstase-Gottheiten

Es ist naheliegend, die verschiedenen Ekstase-Gottheiten in einer Traumreise nach dem Wesen der Ekstase zu fragen, denn wer sollte sich besser mit diesem Thema auskennen als diese Gottheiten? Und wer könnte einem selber besser helfen als sie, auch selber bereichernde Ekstasen zu erreichen?

Auf jeden Fall sind solche Traumreisen eine Möglichkeit, das Wesen der Ekstase zu erforschen, die man nicht außer acht lassen sollte.

Bei einer Traumreise setzt oder legt man sich entspannt hin, schließt die Augen (was aber nicht unbedingt notwendig ist) und definiert, in welchem Bereich man etwas wahrnehmen will. Dafür kann man innerlich durch eine „Astraltür" gehen, also durch eine Tür, auf der der Name des ausgewählten Themas geschrieben steht oder auf der sich ein Symbol oder Bild für dieses Thema befindet; man kann auch die Sache selber vor sich liegen haben und in seiner Vorstellung in diese Sache hineingehen (wenn man z.B. die Wirkung eines homöopathischen Kügelchens erforschen will); oder man kann sich einfach mit einigen Worten an die Gottheit o.ä., die man kennenlernen will, wenden. Das Wesentliche ist, daß man klar definiert, wohin man will.

Dann schaut und lauscht man, was geschieht.

Man kann sich entweder alle Ereignisse merken oder sie während der Traumreise laut aussprechen und mit einem Mikro aufnehmen oder sie von einer zweiten Person notieren lassen.

Nach der Traumreise kann man dann das Erlebte noch einmal durchgehen und schauen, was das Erlebte für die Frage, mit der man in die Traumreise gegangen ist, bedeutet.

Dabei sollte man alles, was man gesehen und gehört hat, ernst nehmen – weil es aus irgendeinem Grund in die Traumreise gekommen ist. Aber man sollte auch nicht davon ausgehen, daß alles genau das ist, was es auf den ersten Blick zu sein scheint, sondern prüfen, ob es mit auf andere Weise erlangten Informationen übereinstimmt und insgesamt ein schlüssiges Bild ergibt. Schließlich sollte man prüfen, welche der so erlangten Informationen so vielversprechend aussehen, daß man sie durch ein Experiment überprüfen will.

Es ist allgemein sinnvoll zu unterscheiden, welche Informationen man durch eine archäologische Grabung, durch wissenschaftliche Forschung, aus der Geschichte oder aus seiner eigenen Biographie erhalten hat, und welche Informationen aus Meditationen und Traumreisen stammen. Dabei geht es nicht darum, die Traumreisen-Informationen nicht ernst zu nehmen, sondern darum, daß man die Informationen, die das Wachbewußtsein aus der Weltbetrachtung erlangt (Forschung), und die Informationen, die es aus der Betrachtung der inneren Bilderwelt erlangt, verschiedene Qualitäten haben – die äußeren Informationen haben Zahl und Maß, die inneren Informationen haben Qualitäten und Zusammenhänge.

Es gibt einige Gottheiten, deren Hauptthema die Ekstase ist wie Dionysos, Bacchus, Shiva und Attis – oder in deren Mythen die Ekstase eine besonders große Rolle spielt.

Bei einigen weiteren Gottheiten ist die Ekstase zwar nicht das Hauptthema, aber doch ein wichtiges Element. Zu ihnen gehören Hathor, Krishna, Mithras, Venus, Xochipilli und Tezcatlipoca.

In dem Kult einiger Gottheiten erscheint die Ekstase erst in recht später Zeit wie bei Isis und Osiris – vermutlich ist dieser Ekstase-Kult durch den Hathor-Kult und insbesondere durch den Attis-Kult beeinflußt worden.

Einige weitere Gottheit oder Gottheiten-ähnliche Gestalten, die wahrscheinlich aus dem konkreten Ekstase-Kult heraus entstanden sind, sind Bes, Devi und Dakini.

Der Name der Göttin der Panthertänzer von Çatal Höyük aus den Tempeln in der Südtürkei, die um 7000 v.Chr. in der mittleren Jungsteinzeit errichtet worden sind, ist nicht bekannt. Sie ist auch schon 3000 Jahre zuvor in den Tempeln von Göbekli Tepe verehrt worden. 4000 Jahre später, also um ca. 3000 v.Chr., hieß diese Göttin bei den Ägyptern „Mafdet". Sie ist aus mythologischer Sicht eng mit die Löwengöttin Sachmet verwandt, die auch als eine Gestalt der Göttin Hathor angesehen wurde.

Die Ekstase ist als Methode sowohl im Judentum (Deborah) als auch im Christentum (Mystiker) und im Islam (Sufis) gut bekannt. Da es in diesen monotheistischen Religionen jedoch keine Ekstase-Götter gibt, muß man sich hier entweder direkt an die von den Ekstatikern verehrte Gottheit oder an einen der Ekstatiker wenden.

Schließlich gibt es noch ausgeprägte Ekstase-Traditionen, die schlicht die Sonne als die Ekstase-Gottheit haben. Sie findet sich bei den Sonnentänzen in Afrika und bei den indianischen Sonnentänzen.

X 1.   Dionysos

Dionysos ist der griechische Gott der Ekstase, des Weins, der Fruchtbarkeit, der Zeugungskraft, des Todes und der Wiedergeburt sowie der Freude. Er ist einer der ältesten und wichtigsten Götter der Griechen gewesen.

„Dionysos, ich würde gerne das Wesen der Ekstase besser verstehen. Magst Du mir etwas dazu zeigen oder sagen?"
„Komm her."
„Wohin?"
„Hierher."
„O.k."

Es sieht dunkel aus ... hm ... das ist keine Höhle, das ist kein Gebäude, keine Nacht ... das ist anders ... Wald? ... Dionysos ... ist da ... ich kann ihn spüren, aber noch nicht sehen ... mir gehen kurz Bilder durch den Kopf, die ich von ihm kenne ... ...

Ich habe den Geschmack von Weintrauben im Mund ... rote Weintrauben ... ...

„Bacchus – äh, Dionysios? ... Soll ich irgendetwas tun?"

„Sei da."

„O.k."

... ...

... ...

... ...

Ich drehe mich langsam um, also einmal im Kreis ... Ich scheine auf einem flachen Berg zu sein ... relativ weit oben am Hang ... in einem Bergwald ... ...

Ich kann Dionysos sehen ... er ist eher belebt, er sitzt da ... ich glaub' auf einem Felsblock ... unbekleidet ... und der lacht ... nicht laut – der lacht einfach so ... leise vor sich hin ... der scheint mir ... ja, der scheint mich ziemlich lustig zu finden ... so wie jemanden, der mit geschlossenen Augen durch den Raum tappt und ständig an dem vorbeiläuft, was er sucht ... jetzt lacht er noch lauter ...

Hm ... ich hab' den Impuls, mich einfach auf die Erde zu legen ... da ist Gras ... bißchen trocken ... aber das macht das Liegen weicher ... Ich rieche das Gras ... es ist ein bißchen auch der Geruch von warmem, trockenem Staub da ... offenbar sind wir hier tatsächlich in Griechenland ...

Ein entspannender Seufzer ... ich liege hier einfach da und ich komme langsam zu mir ...

... ...

... ...

... ...

Ich habe schon 'ne ganze Weile so gelegen und ich merke, daß in mir ... ja, nicht 'ne Ruhe einkehrt, sondern eine Gelassenheit, ein Nichts-tun-müssen ... einfach da sein, wo ich bin ... und mich fühlen ... das ist wie ein Geerdet-werden ... nee, so ganz stimmt das noch nicht – das ist mehr wie ... in einem sumpfigen Gelände zu sein und zu entdecken, wo das Wasser in diesen Sumpf fließt und dann diesem kleinen Bach zu seiner Quelle zu folgen und mich dann statt in den Sumpf an die Quelle zu setzen.

...

Ich muß leise lachen ...

...

Jetzt scheint Dionysos sich zu freuen ...

„Das ist jetzt eigentlich ziemlich meditativ – oder? Dionysos?"

...

Ich muß wieder leise lachen, weil auch Dionysos leise lacht ... aber ich kann spüren, daß er der Meinung ist, daß das ziemlich egal ist ... ob das meditativ ist oder

61

ekstatisch oder was auch immer ... ich komme wieder zu mir – das ist das Wesentliche ... ich muß nichts tun, ich muß nichts erreichen, ich bin erst mal einfach da ...

... ...

... ...

... ...

„Was ist mit diesen wilden Umzügen und den Mänaden und dem Wein und all den Dingen?"

...

Ich kann merken, daß ihm das ziemlich egal ist ... nicht daß er was dagegen hätte ... aber jetzt sitzt er da auf dem Felsen und schaut mir amüsiert zu und freut sich ... das ist das, was gerade wichtig ist.

...

Ja, und das ist auch das, was mir jetzt guttut ... wenn da jetzt irgendwas käme, was ich tun soll ... nee ... nene – muß nicht sein ...

Was hat er da jetzt gemacht? Er war auf einmal neben mir und hat Traubensaft an den Fingern gehabt und hat mir ein bißchen davon auf die Stirn, aufs Dritte Auge gestrichen. ...

Jetzt liege ich hier, er sitzt links neben meinem Kopf, so ein bißchen Richtung Scheitel ...

Hm ... der hat 'ne sehr eigene Ausstrahlung ... so wie Sternzeichen Skorpion, aber so 'ne ganz weiche, freundliche Variante ... fühlt sich ein bißchen auch so an wie Pan ... komischerweise auch wie mein Vater – der ist Fisch mit Skorpion-Aszendent ... hm ... aber Dionysos ist ... der ist mehr, der hat ... da ist Tiefe, da sind keine Grenzen ... wenn ich in ihn hineinblicke, aber ... das haben Gottheiten ja nie ... ...

Ich glaube, er wartet darauf, daß ich aufhöre zu denken und zu reden ... ja ...

... ...

Er streicht mir auch Traubensaft auf's Herzchakra und auf's Sonnengeflecht.

... ...

... ...

Ein tiefer, entspannender Seufzer ...

... ...

Es tut einfach gut, hier zu liegen ... hier oben auf diesem flachen Berghang ...

... ...

so neben Dionysos ... und der sitzt da auch einfach nur da ...

... ...

... ...

... ...

hm ...

... ...

... ...

... ...

Ich denke: „Die Rückkehr zur Quelle ist nötig, damit es eine gute Ekstase wird."

...

Von Dionysos kommt der Impuls: „Die Rückkehr zur Quelle ist nötig, damit es ein gutes Leben wird." ...

Die Ekstase kann da sein, aber es geht um's Leben ... und jetzt gerade darum, einfach da zu liegen ... ja, so liege ich da jetzt einfach nur da ...

Noch ein Seufzer ...

Die ganze Anstrengung fällt einfach von mir ab ... und sich seke, daß Dionysos sich darüber freut ...

Er lacht leise vor sich hin ...

... ...

... ...

... ...

Ein sehr, sehr tiefer, entspannender Seufzer ...

„Danke, Dionysos!"

...

Er lächelt ...

... ...

... ...

... ...

Dann kehre ich wieder zurück.

„Ho!"

X 2.   Bacchus

Bei den Römern ist Dionysos als „Bacchus" bekannt gewesen. „Bacchus" ist ein Beiname des Dionysos gewesen und bedeutet „Rufer".

„Bacchus?"

„Ja?"

„Ich würde gerne mehr von der Ekstase verstehen – magst Du mir etwas sagen oder zeigen?"

...

Schweigen ...

...

„Bist Du Bacchus oder bist Du Priapos? Dieser Riesenpenis sieht nach Priapos

aus ..."

„*Man kann damit Spaß haben.*"

„*Ehm ...*"

„*Ich kann auch Pan sein ... ich kann sogar so tun, als wenn ich Apollon wäre ...*"

„*Hm ... der ist aber doch ganz anderes als Du ...*"

„*Na und?*"

„*Ehm ... bist Du so eine Art Narr?*"

„*Nein – ich bin frei.*"

„*Ehm ... daß heißt, Du kannst Dich in alles verwandeln, was Dir gerade Spaß macht?*"

„*Genau ... und jetzt macht es mir gerade Spaß, Priapos zu sein ...*"

„*Der hat ja eine sehr angenehme Beschäftigung ...*"

„*Das könnte man so sagen ...*"

...

„*Hm ... ... Wenn man zur Quelle geht, wird man man selber und dadurch wird man frei?*"

...

„*Hmmmm ... jaaa ... ... aber da ist auch Neugier ... da ist nicht nur das man-selber-sein ... das ich-bin-ich ... da ist auch die bunte Welt ... und die kann man entdecken ...*"

...

„*Die Entdeckerfreude-Ekstase?*"

Bacchus amüsiert sich über meine Worte und lacht leise vor sich hin ...

„*Du kommst der Sache näher ...*"

... ...

... ...

... ...

„*Ahaaa ... die Ekstase verbindet mich mit der Welt ... Ist es das?*"

„*Ja ... ... da bist nicht nur Du, der sich selber treu ist, sondern da ist auch die Welt ... in ihrer ganzen Vielfalt – und das begegnet sich ... Du begegnest der Welt, Du erlebst Dich in der Welt ... und Du kannst auch einfach mal ausprobieren, was man da so alles tun kann ...*"

... ...

„*Hm ... so habe ich das bislang noch nicht gesehen ... das fühlt sich viel freier und bewegter an ...*"

Bacchus lacht wieder ...

„*Ja ...*"

„*Aber das heißt ja jetzt auch nicht, daß ich alle Möglichkeiten ausprobieren muß, die da sind ...*"

„*Nein, überhaupt garnicht ... aber es gibt vieles, was Dir Spaß machen könnte ...*

und es wäre schade, wenn Du davon allzuviel verpaßt ... "

„Hm ... interessant ... das klingt nach Fülle und nicht nach Mangel ... "

Bacchus lacht ...

„Die Welt ist groß ... wie kannst Du da Mangel erwarten? "

...

„Ist'n Argument, ja. "

... ...

Jetzt muß ich selber lachen ...

„Du, Bacchus? "

„Ja? "

„Das macht mir Freude, was Du da erzählst ... da krieg' ich Lust, was zu erleben! "

...

Ich muß noch immer leise vor mich hin lachen ...

„Das ist etwas, was mir garnicht so sehr geläufig ist ... "

... ...

... ...

... ...

„Danke, Bacchus! "

„Bitteschön ... "

„Gibt es noch etwas? "

...

Er zeigt auf meinen Penis ...

„Warum? "

„Laß Dich überraschen. "

„O.k. ... gerne ... Vielen Dank, Bacchus! "

Er lacht ...

Ich kehre zurück.

„Ho! "

X 3. Shiva

Shiva ist der indische Gott der Tanzes, der Ekstase, der Meditation und der Zerstörung – sowohl der Zerstörung aller Illusionen (Erleuchtung) als auch aller Dinge
(Tod). Er ist auch der Gott des Kundalini-Yoga und des Tantra-Yoga, also der Nutzung der sexuellen Vereinigung für die Erleuchtung.

„Shiva? "

... ...

Ich kann ihn sehen ... ... er sitzt da und meditiert ... ...

„Hast Du das eingefädelt, daß ich, wo ich gerade über die Ekstase am forschen bin, auf einmal eine Gruppe von Menschen finde, die Mantren singen, wonach ich ja schon ein paar Jahre lang gesucht hab' ... und die dann gleich als erstes das Shiva-Mantra singen, das ich so gerne singe?"

...

Hm ... Shiva sitzt da und meditiert ... Ist das Shiva? ... Das ist eine Statue von Shiva ... ehm, was ist das denn?

„Shiva?"

... ...

... ...

... ...

„Komm' später wieder."

„O.k. ... hm ... warum?"

„Es steht gerade was anderes an als die Traumreise."

„O.k. ... dann werde ich mal schauen ... Danke."

Am nächsten Tag:

„Shiva?"

„Ja?"

„Kannst Du mir etwas über Ekstase erzählen? Über Einsgerichtetheit? Und über andere Dinge, die damit zu tun haben?"

„Lerne Kundalini-Yoga. Lerne die Kundalini zu erwecken. Das ist der Schlüssel zu einer umfassenden Ekstase."

„Hm ... ist da eine bestimmte Methode sinnvoll?"

„Konzentration auf das Wurzelchakra; Mantren und Imagination."

„Hm ... so wie das Naropa beschriebe hat in seinen „'Sechs Yogas'?"

„Das kannst Du so machen."

„Was paßt für mich am besten?"

...

„Tanzen und anschließend Stille-Meditation."

„Ja ... ja ... o.k. ... ... hm ... gibt es noch etwas, was Du mir dazu sagen kannst?"

...

„Mantra-Singen ist gut ... aber am besten ist Tanzen und anschließend Stille-Meditation."

„Sind das die beiden Dinge, die Du tust? Du bist der tanzende Gott und der Yogi ..."

„Ja."

... ...

„Hm ... ich habe das Gefühl, daß es das war, was heute ansteht – oder?"

„Ja."

„Danke, Shiva!"

„Bitte."

Ich kehre zurück

„Ho!"

X 4. Attis

Attis ist ein phrygischer (kleinasiatischer) Gott der Zeugungskraft, des Todes und der Wiedergeburt. Es fällt auf, daß die vier Ekstase-Götter Dionysos, Bacchus, Shiva und Attis allesamt Götter sind, die getötet werden und dann anschließend nach der Vereinigung mit der Großen Mutter von ihr wiedergeboren wurden. Die Symbolik von Tod, Wiederzeugung und Wiedergeburt hat offenbar eine große Rolle bei den Ekstase-Göttern gespielt.

„Attis?"

... ...

„Ich würde Dich gerne ... ich würde mich freuen, wenn Du mir etwas über Ekstase und Einsgerichtetheit erzählen könntest."

...

„Du willst also sterben?"

...

„Ekm ... weil Du ein sterbender und wiedergeborener Gott bist? ... Was bedeutet das – sterben? ... wenn ich einsgerichtet werden will."

„Was stirbt im Herbst?"

„Das Getreide."

„Was stirbt von dem Getreide?"

„Der Halm, die Blätter, die Wurzeln ... der alte Leib ..."

„Und was bleibt erhalten?"

„Die Körner, die Saat ... ... Was hat das mit der Ekstase zu tun?"

„Nun, wenn Du in die Ekstase kommst, in die Einsgerichtetheit, richtest Du Dich auf eine Sache aus – die anderen läßt Du los."

...

„Hm ... aber ich kann ja zu den anderen zurückkehren ..."

„Ja, aber Du mußt bereit sein, für den Augenblick loszulassen."

...

„Aber wieso sind die sterbenden Götter so oft auch die Ekstase-Götter?"

„Die sterbenden Götter gehen ins Jenseits – die Schamanen reisen mit ihrer Ekstase ins Jenseits ... um die Verbindung zwischen Lebenden und Toten herzustellen. Die Seele ist das, was nach dem Tod weiterbesteht und die Seele ist auch der Teil des Menschen, der auch während des Lebens im Jenseits ist. Das Jenseits ist nichts anderes als der Bereich der Seelen."

„Hm ... und die Lebenden haben Körper und Seele und die Toten nur Seele ..."

...

„Und wenn Du Dich auf die Seele ausrichten willst, mußt Du in den Bereich der Seelen gehen. Und die Seele ist der Kern der Psyche. Wenn Du einsgerichtet bist auf Deine Seele, beginnt die Seele in Deiner Psyche zu leuchten."

...

„Hm ... das ist ausgesprochen schlicht und einleuchtend ... aber ich hab's bisher mal wieder nicht gemerkt."

„Aber Du hast die Traumreisen gemacht. Du mußt nicht immer alles gleich wissen oder mit dem Kopf erfassen können, wenn Du weißt, wie Du's herausfinden kannst."

...

„Hm ... möchtest Du mir noch irgendetwas sagen? Irgendeinen praktischen Ratschlag?"

„In meinem Kult war der Schmerz zum Teil das Konzentrationshilfsmittel ... das ist aber nicht so sinnvoll ... das geht friedlicher ..."

„Was würdest Du mir empfehlen?"

„Tanzen ... das ist das, was Shiva Dir gesagt hat, und das ist ja auch das, was Deine Seele Dir schon so oft geraten hat ... Tanze – dann bist Du lebendig."

„Ja ... das stimmt ... ja, gut ... Gibt es noch etwas?"

...

Er lächelt und wünscht mir wortlos, daß ich die Ekstase lerne und ein erfülltes Leben habe.

„Danke, Attis!"

„Noch eins: Vergiß nicht die Geborgenheit! Wenn Du die Geborgenheit bei der Muttergöttin spürst, ist alles einfacher."

„Danke, Attis!"

„Bitte."

Ich kehre zurück.

„Ho!"

X 5. Hathor

Die ägyptische Göttin Hathor hat die Gestalt einer Kuh oder die einer Frau mit Kuhhörnern. In ihrem Kult gab es ekstatische Tänze, die von dem Klang von Bronze-Rasseln (Sistrum) und von dem Rascheln mit Papyrus-Bündeln begleitet wurden.

„Hathor?“

„Ja ... Komm' hierher in meinen Tempel in Dendera.“

„Heute oder früher?“

„Früher.“

Ich bin in dem Vorhof des Tempels von Dendera hinter den beiden Pylonen, den beiden Eingangstürmen ... wahrscheinlich bin ich im Mittleren Reich oder so ... die Tempel sind jedenfalls noch vollständig intakt und bemalt.

Ich werde ins Innere gezogen ... ich gehe durch das Tor zum vorderen Tempelraum ... ich gehe hindurch – durch den ersten Säulensaal ... ich öffne die Tür, die goldene Tür zum zweiten Saal ... die Tür zum innersten Raum ... ...

Ich habe den Impuls, mich auf die Erde zu setzen ... im Schneidersitz ... eine etwas unägyptische Gebetshaltung, aber ...

Ich dachte auch, ich würde jetzt die Statue der Hathor sehen, aber ... da passiert etwas anderes ... da ist Wärme ... ich fühle mich wie ... wie umarmt ... ne, das ist wie im Bauch von Hathor sein ... wie ein ungeborenes Kind ... ...

Ein tiefer Seufzer ...

„Das tut gut!“

... ...

... ...

... ...

Ich höre viele Menschen mit Schilfbüscheln und mit Sistren rascheln und rasseln.

... ...

Das ist ein Vierviertel-Takt mit Betonung auf der ersten und dritten Note ... scheint von der Geschwindigkeit her ein 'Moderato' zu sein ...

... ...

Jetzt höre ich sie den Namen 'Hathor' rufen ... 'Ha-' auf der ersten betonten Note und '-thor' auf der zweiten ...

... ...

Der Name beginnt mich zu erfüllen ...

... ...

Oh! ... Da ich gerade im Bauch von Hathor bin, sehe und erlebe ich das alles aus der Sicht von Hathor ... hm ...

Sie lächelt ... Sie hat etwas Sanftes und Gütiges und zugleich etwas sehr Starkes und Großes ... Sie schaut auf die Menschen ... Das ist, als würde sie ihnen ... ja, die

Hände reichen oder ... als würde sie ihnen Wärme reichen, Wärme senden ... sie aufnehmen ... ... ihnen helfen, zu ihr zu finden ... sie leitet sie und ... und gibt ihnen Halt ... und sie ... läßt den Gesang und das Rascheln zu einem tragenden Rhythmus werden ... der Rhythmus wird zur Geborgenheit ... und die Menschen ... spüren die Verbindung zu Hathor ... sie sind in ihr geborgen ... und es entsteht Fülle ... und Vertrauen ... und ... ein Unbekümmertsein und Strahlen ... sie haben Hathor in sich und sie sind in Hathor geborgen ... ...

Ich kann auch spüren, daß da Priester sind, aber ... die leiten das nur an, die ... die koordinieren das, die ... die machen das nicht ... jeder ... raschelt und singt für sich und ... und findet für sich die Verbindung zu Hathor ... die Priester sind Helfer dabei – sie sind nicht die Vermittler ... ...

Hathors ... ja, Ausstrahlung, Wärme, Segen ... ihr Lebenskraftkörper dehnt sich ... über den Tempel aus, über die Felder ... über den Nil ... ja, eigentlich über ganz Ägypten ... das ist Lächeln und Geborgenheit und Wärme ... das ist einfach Da-sein ... das ist ein ganz ähnliches Gefühl wie in der Schwitzhütte ... wie im Bauch von Mutter Erde ...

Hathor lächelt und sagt: „Das ist auch dasselbe."

Und die ganzen Menschen ... die rascheln und singen Deinen Namen ... das ist alles ...

„Sie vertrauen mir ... sie kennen mich ... sie kennen mich schon ganz lange ... ihre Eltern und Großeltern und Urgroßeltern und Urahnen ... sie haben mich alle gekannt ... sie wissen, wer ich bin ... weil sie mir begegnen ... und das macht es einfacher, wieder zu mir zu kommen ... sie sind vertraut mit mir ... ... das läßt sie lächeln ... so wie viele ihrer Statuen und viele ihrer Darstellungen von Göttern lächeln ... das ist die Geborgenheit, das ist die Ma'at ('Richtigkeit')."

... ...

Ich sehe einige Menschen ... die einfach strahlen ... die aufgehört haben zu singen und zu rascheln oder rasseln ... die einfach dastehen und auf Dich schauen, Hathor ... die im Tempel sind und Deine großen Statuen sehen ... und die da sitzen ... einfach ... lächeln ... die nichts denken, die nichts tun ... die einfach erfüllt sind von Dir ...

Ich bin selber so erfüllt, daß ich leise vor mich hin lachen muß ...

Jetzt sehe ich das Ganze aus der Perspektive von einem der Ägypter im Tempelhof ... ich kann Dich sehen, Hathor ... nicht als Statue ... als große, leuchtende Frau ... ... Du bist einfach da ...

... ...

Noch ein entspannender Seufzer ...

„Das tut gut!"

...

„Ich bin in Dir und Du bist um mich ... Du erfüllst mich ... ... und nun?"

„Bleib da, solange Du möchtest ... und dann geh' wohin Du willst ... und wenn Du *möchtest, dann kehre zu mir zurück ... solange Du möchtest ... Du bist geborgen bei mir ... Du bist hier zuhause ... Du kannst in die Welt gehen ... und tun, was Du tun möchtest ... und dann wieder heimkehren ..."*

„Danke, Hathor! ... Vielen, vielen Dank!"

...

Ich muß wieder leise vor mich hin lachen ...

„Ich kann das mitnehmen, nicht wahr?"

„Ja, ich bin überall ... der Tempel ist nur ein Ort, der die Begegnung leichter macht."

...

„Das ist schön. ... Dann geh' ich von Dir erfüllt und von Dir umhüllt ... wieder nach draußen ... und schaue, was ich tun will ... die Nabelschnur bleibt zwischen mir und Dir ... Danke, Hathor ... das fühlt sich gut an ..."

...

Ich schaue noch eine ganze Weile voller Dankbarkeit auf Hathor ... dann kehre ich zurück.

„Ho!"

X 6.   Krishna

Auch Krishna gehört zu den sterbenden Göttern, wobei seine Wiedergeburt nicht so deutlich ausgeprägt ist. Die Ekstase in seinem Kult besteht vor allem in der Liebe seiner Verehrer und seiner Verehrerinnen zu ihm („Bhakti"). Die Beziehung zwischen Krishna und seiner Freundin Radha ist ein beliebtes Thema im Krishna-Kult.

„Krishna? Kannst Du mir etwas über Ekstase erzählen?"

...

„Schau zu."

...

Ich wünsche mich zu ihm hin ... nach Indien ... ich sehe saftige Wiesen ... also Weiden ... vereinzelt Baumgruppen, ein bißchen Wald ... so die typische Hirten-szenerie, in der die Krishna-Geschichten spielen, die meisten zumindestens ...

... ...

Ich sehe Krishna ... mit seiner blauen Haut ... hm ... einige Hirtinnen ... Krishna erzählt etwas ... ... Ich gehe näher zu ihm und versuche zu erkennen, was er mir zeigen will ... ich vermute mal, seine innere Haltung ... ... da ist Stärke ... und da ist Liebe ... und da ist was Kindlich-Unbekümmertes ... ... hm ... ... aber das Bild ist ... hm, ja ... das hat keine Tiefe ...

„Krishna?"

„Schau."

... ...

Das fühlt sich nicht nach Ekstase an, was er da macht ... also ... das ist, als würde er ... etwas erklären oder vorbereiten ... ... hm ... ...

„Soll ich meine Perspektive ändern?"

„Schau."

„Also gut."

Ich setz mich jetzt einfach mal hier auf die Wiese, lehne mich mit dem Rücken an einen Baum und schau' zu ...

Die Hirtinnen sind offenbar alle verliebt in ihn ... ...

Ich kann noch immer nicht erkennen, was er eigentlich macht ... irgendwas vorbereiten, er bewegt sich, er geht mal hierhin, mal dahin ... bewegt die Arme ... ich kann aber nichts sehen, was er hält ... ...

„Darf ich aus Deiner Perspektive schauen, was Du machst, Krishna?"

„Kannst Du machen ... aber es wird Dir nicht viel helfen."

„Hm ... na gut, ich probier's trotzdem ... ..."

Das ist ein bißchen wie Spinnen oder Weben ... als würde er irgendwas mit Lebenskraftfäden machen ... als würde er Schicksal gestalten ... hm ...

„Du kommst der Sache näher."

...

„Was hat das mit Ekstase zu tun?"

„Warte."

...

In dem Gespinst, das er da hergestellt hat ... also aus Lebenskraftfäden ... die er sozusagen zupft wie eine Harfe ... das ist sozusagen ein Faden ... der zunehmend Spannung kriegt ... ... hm ... am anderen Ende dieses Fadens ist jemand ... ich glaube, eher ein Mann als eine Frau ... und der liebt Krishna ... jetzt ist der da ... er wollte sich vor ihm verneigen ... aber Krishna ... streckt die Hände nach ihm aus und umarmt ihn ... da wird der Mann von Weinen geschüttelt ... er lehnt sich an Krishnas Schulter ... und der hält ihn einfach ... das Weinen entspannt den Mann ... er kann eine Last loslassen ... er beugt Kopf und Oberkörper ein Stück zurück, damit er Krishna ins Gesicht sehen kann und freut sich einfach und lacht und lehnt sich dann wieder an Krishnas Schulter und umarmt ihn ... Krishna ist einfach da ... hm ... der Mann gibt Krishna einen Kuß auf die Wange ... dann setzt er sich auf die Wiese ... und strahlt ... und Krishna zupft wieder an Lebenskraftfäden ...

„Hast Du das gesehen?"

„Ja."

„Hast Du es verstanden?"

„Ich glaube schon. War der Mann auf irgendwas fixiert und Du hast das geheilt?"

„Ja ... man könnte auch sagen, er hat es selber geheilt, weil er zu mir gekommen ist."

„Und Du hast ihn gerufen?"

„Soetwas ist immer ein Gespräch, an dem zwei beteiligt sind."

„Ja ... gibt es etwas, was an mir zu heilen ist?"

„Es gibt was – aber nicht von mir. Du wirst es schon finden."

...

Ich habe das Gefühl, daß es das gewesen ist, was Krishna mir zeigen wollte.

„Ja, für heute jedenfalls."

„Danke, Krishna"

Ich kehre zurück.

„Ho!"

X 7.   Mithras

Mithras („Vertrag") ist ein altindisch-altpersischer Gott der Gerechtigkeit. Auch er wird getötet und wurde vermutlich auch wiedergeboren, da er sowohl ein Sonnengott als auch ein Mysteriengott gewesen ist und das Motiv von Tod und Wiedergeburt für diese beiden Arten von Gott typisch sind.

„Mithras, kannst Du mir etwas über Ekstase und Einsgerichtetheit sagen?"

...

„Komm zu mir in die Grube."

Ich gehe zu ihm in die Grube, über der das Gitter liegt, auf dem in den Mithras-Mysterien der Stier geopfert wird, sodaß das Blut auf den Mann dort unten läuft. ... Dort unten ... in der Grube steht auch die Leiter mit den sieben Sprossen, die die sieben Planeten darstellen.

... ...

Oben wird der Stier geopfert ... und das Blut läuft auf mich herab ... das ist ... gewöhnungsbedürftig ... ... Ich spüre die Kraft, die in dem Blut liegt. ... Ich muß an ähnliche Zeremonien bei den Kelten und den Germanen und bei noch anderen Indogermanen denken.

„Denke nicht – erlebe."

... ...

Das Blut des Stiers heizt mich wie innerlich auf.

„Ist das die Lebenskraft des Stiers?"

„Ja."

... ...

Ich will noch mehr davon ... es kommt ja auch noch mehr geflossen ... ...

Ein sehr tiefer Seufzer ...

„Heidenei! ... ... Deshalb trinken soviele Jäger von dem Blut des erlegten Tieres ... ... Ich habe den Geschmack von dem Blut im Mund ... Puh! ... Uff! ... Garnicht so einfach!“

... ...

Ich kriege so'n Aktivitätsdrang ... als müßt' ich ganz viel tun ... das liegt wohl daran, daß ich so mit dieser Lebenskraft aufgeladen bin ...

„Ist es das, was Du mir zeigen willst, Mithras?“

„Red' nicht so viel – spüre!“

... ...

Da entsteht eine Stille ... die ist aber anders als die Stille-Meditation ... wie die Präsenz von etwas ...

„Das bin ich ... Mithras.“

... ...

Das erfüllt mich und hüllt mich ein ... das ist wie ein Krieger ... das ist wie die Sonne ... und gleichzeitig ... ist es friedlich ...

... ...

Ein ganz tiefer Seufzer ...

... ...

Der geopferte Stier wird weggetragen ... und das Gitter auf der Grube wird entfernt ... und ich weiß, daß ich jetzt die Leiter hochsteigen soll ... das tue ich ... ich sehe, daß ich ein weißes Gewand trage ...

... ...

... ...

... ...

Ich bin da, die anderen schauen nach mir ... ich hab' aber keinen speziellen Impuls, was zu tun ... ich bin da und schaue ... mache ab und zu ein paar Schritte ... ich könnte mich da auch einfach hinsetzen ... das mache ich, mit dem Rücken an einen Stein gelehnt ... blicke in die Ferne ... von dort aus, wo wir sitzen, fällt das Land flach ab Richtung Meer ... ich merke auf einmal ... die Sonne in mir ... in meinem Herzen ... ...

„Darum geht es.“

... ...

... ...

... ...

„Gibt es was zu tun?“

„Das ist die wesentliche Einsgerichtetheit – daß Du bei allem, was Du tust, die Sonne in Deinem Herzen wahrnimmst: Deine Seele, das Strahlen Deines Herz-chakras.“

...

„Ja ... ja, das ist es ... ist es das, was Du mir zeigen wolltest heute?"

„Es gibt noch mehr, aber nicht heute."

„Danke, Mithras!"

„Bitte."

Ich kehre zurück.

„Ho!"

X 8. Venus

Die Göttin Venus symbolisiert manchmal die sexuelle Ekstase – dies ist jedoch vermutlich kein zentraler Aspekt ihres Wesens.

„Venus?"

„Ja?"

„Möchtest Du mir etwas über Ekstase zeigen?"

„Nein ... der Kommentar, daß ich für sexuelle Ekstase zuständig bin – der trifft nicht zu."

...

„Überlegt hatte ich das auch schon ... Danke, Venus."

„Viel Glück!"

„Oh ... dankeschön!"

Ich kehre zurück.

„Ho!"

X 9. Xochipilli

Der Name des aztekischen Gottes Xochipilli bedeutet „Fürst der Blumen". Er ist als Maisgott wie alle Korngötter ein Gott des Todes (Ernte) und der Wiedergeburt (Keimen nach der Saat). Wie bei den Göttern Dionysos, Bacchus, Attis, Shiva und Krishna ist auch Xochipilli eng mit der körperlichen Liebe verbunden – dies liegt daran, daß alle diese Götter sterben und wiedergeboren werden und in der Jungsteinzeit und im der frühen Königtum der Wiedergeburt der Toten im Jenseits eine Wiederzeugung mit der Jenseitsgöttin vorausgegangen ist (und der Wiedergeburt ein Wiederstillen der Toten durch die Göttin gefolgt ist).

Xochipilli ist auch ein Gott der Musik und des Tanzes und somit auch der Ekstase gewesen. Seine Schwester Xochiquetzal („Blaue Blume") ist die Göttin der Schwangeren und der Prostituierten, was nur eine geringe Umdeutung der Muttergöttin bei der Wiederzeugung und der Wiedergeburt ist.

„Xochipilli?"

„Ja?"

„Kannst Du mir etwas über Ekstase sagen? Oder etwas dazu zeigen?"

„Ja ... komm zu mir."

... ...

Er sitzt da ... er hat diese etwas dunklere, rötlich-braune Haut ... ... Der freut sich! ... Der sitzt da im Schneidersitz auf der Erde ... im Hintergrund sind 'ne Menge Bäume, die ich nicht so recht kenne ... ja, tropisch eben ... da ist 'ne Wiese ... ...

„Soll ich etwas tun, Xochipilli?"

„Ja, setz' Dich ... aber zieh' vorher Deine Kleidung aus."

„Ja ... gut ..."

Ich tu das und setz' mich hin – auch im Schneidersitz ... so ... nicht ganz ihm gegenüber ... ich sitz' ein bißchen weiter rechts ... sodaß ich ihn halb von vorne und halb seine linke Gesichtshälfte sehe ... das schien der richtige Platz zu sein ...

„Das dort ist meine Schwester, die Blumengöttin Xochiquetzal."

Ich sehe sie ... sie sitzt jetzt mir gegenüber ... auch sie lächelt ... sie wirkt aber stiller als Xochipilli ... ...

„Soll ich noch etwas tun, Xochipilli?"

... ...

Es liegt die Aufforderung an mich in der Luft, zu seiner Schwester zu gehen ... auch wenn sie niemand ausspricht ... dann tu ich das ... und setze mich vor sie ...

Xochipilli: „Was tun Mann und Frau?"

...

„Hm ... ich glaube, ich weiß, was Du meinst, ja ..."

...

Die Blumengöttin lächelt ...

Ich streichle ihr über die Wange ...

Sie sagt „Nein!" und schiebt meine Hand fort.

...

„Hm ..."

Xochiquetzal: „Leg Dich hin ... auf den Rücken ..."

„O.k."

...

Ich soll mich so vor Xochipilli legen, daß ich quer vor ihm liege, so ... zwei Meter oder eineinhalb Meter von ihm entfernt ... genau quer vor ihm und er ist rechts von mir ...

Die Blumengöttin ... sie reibt meinen Körper ein ... mit Öl oder sie malt mich an (das macht sie auch mit ihrem Mann Tezcatlipoca) ...
„Du wirst jetzt zu Tezcatlipoca."
„Oh ..."

(Ich muß daran denken, daß der Jüngling im aztekischen Kult, der ein Jahr lang Tezcatlipoca verkörpert hat, wie der Gott angemalt worden ist und er dann, nachdem er sich dann mit vier Frauen, die Göttinnen verkörpert haben, vereint hat, getötet worden ist – steht das nun auch mir bevor?)

Ich fühle mich komplett anders als vorher ... entschieden, einsgerichtet ... ich habe eine innere Festigkeit ... und ... ich bin zeitlos ... ...
Xochiquetzal küßt meinen ganzen Körper ... sie entkleidet sich ... setzt sich auf mich ... vereint sich mit mir ... Xochipilli fängt an zu singen ... ich weiß nicht, was er singt, aber es sind Verse aus einem Ritual ...
... ...
Ein sehr tiefer Seufzer ...
Ich spüre Stärke in mir ... eine Kriegerqualität ... ja, das ist nicht nur Krieger ... das ist auch König ... ... da ist noch was, das ist Krieger, König und Priester ... und ... aber eben ein Gott ... zeitlos ...
... ...
... ...
... ...
Sie erhebt sich, ich erhebe mich auch ... ich wollte ihr erst danken, aber irgendwie ist das völlig unpassend ...
Xochiquetzal zieht sich wieder zurück ...
„Ist dieser Zustand eben das, was Du mir zeigen wolltest, Xochipilli?"
„Du hast nach Ekstase und Einsgerichtetheit gefragt ... Tezcatlipoca ist in diesem Zustand ... den hast Du jetzt gesehen."
„Dank Dir, Xochipilli, und auch Dir, Xochiquetzal!"
... ...
„Bitte."
...
Dann kehre ich jetzt wieder zurück.
„Ho!"

X 10. Tezcatlipoca

Tezcatlipoca ist der Name eines wichtigen Gottes der Azteken, Tolteken, Olmeken und Mayas.

„Tezcatlipoca" bedeutet „Rauchender Spiegel". Die Spiegel wurden damals aus poliertem Obsidian hergestellt. „Rauch" ist die Umschreibung der Indianer für die Lebenskraft, die in Europa wegen der hellsichtigen Wahrnehmung der Lebenskraft als milchigweißes Leuchten oft als „Nebel" bezeichnet wird. Mit seinem magischen Spiegel konnte Tezcatlipoca in alle Herzen und in die Zukunft sehen. Er war u.a. der Gott der Wahrsagung und der Zauberei.

Tezcatlipocas Krafttier ist der Jaguar und er trägt sein Fell als Zeichen seiner Kraft. Das Fell des Großraubtiers ist bei allen Völkern das Symbol der Schamanen. Seine Kenntnis der Wahrsagung und der Zauberei ist daraus entstanden, daß er ein Schamane ist. Tezcatlipocas Gesicht ist mit gelben und schwarzen Querstreifen als Hinweis auf das gelb-schwarze Fell seines Jaguar-Krafttiers bemalt.

Auf seiner Brust trägt er eine Scheibe aus (blaugrüner) Abalone-Muschel, die die Sonne darstellt. Dies ist ein Hinweis darauf, daß er zu Beginn der Zeit einst die Sonne gewesen ist.

Tezcatlipoca wurde kurz nach der Schöpfung von dem Gott Quetzalcoatl („Feder-schlange") getötet. Dabei biß ihm ein Krokodil-Monster ein Bein ab. Dies ist wieder ein Hinweis auf die Sonne, da die Sonne damals noch als Himmels-Wanderer ange-sehen worden ist – des Abends starb die Sonne und verletzte sich dabei am Fuß oder Bein. Die Schlange (Quetzalcoatl) oder das Krokodil sind die Tiere der Unterwelt, die Abends die Sonne töten. Durch sein abendliches Eingehen in die Unterwelt wurde der Sonnengott Tezcatlipoca auch zu einem Gott der Erde (Unterwelt), der Nacht und der Farbe Schwarz. Seine Tempeltore weisen daher stets genau nach Westen, also zu dem Ort, an dem die Sonne abends in die Unterwelt eingeht.

Als Sonnengott ist Tezcatlipoca wie die Sonnengötter in fast allen Kulturen auch der Schutzgott des Königs.

Nach dem Tod folgt in den frühen Religionen (späte Altsteinzeit, frühe Jungsteinzeit und später) im Jenseits die Wiederzeugung des Toten zusammen mit der Jenseitsgöt-tin. Diese Szene findet sich in den Mythen des Tezcatlipoca als seine Heirat mit der Blumengöttin Xochiquetzal („Blaue Blume"), der Schwester des Gottes Xochipilli, der im vorigen Kapitel beschrieben worden ist. Tezcatlipoca ist zudem der Gott der Versuchung durch schöne Frauen.

Durch seinen Kampf mit dem Schlangengott Quetzalcoatl, der ursprünglich den Tages- und Jahreszeitenzyklus symbolisiert hat, ist Tezcatlipoca auch zu einem Gott des Krieges geworden – was gut dazu paßte, daß er auch der Schutzgott des Königs gewesen ist.

Im Kult des Tezcatlipoca wurde ein Jugendlicher ein Jahr lang wie Tezcatlipoca gekleidet und spielte auf den Straßen Flöte. Im letzten Monat vereinte er sich mit vier jungen Frauen, was die Wiederzeugung des Gottes im Jenseits nach seinem Tod symbolisierte – daher stammt auch das Motiv der Verführung durch schöne Frauen. Am Ende dieses Jahres zerbrach der Jugendliche seine vier Flöten, die die vier Himmelsrichtungen symbolisierten, und wurde im Tempel des Tezcatlipoca geopfert, was den Tod des Gottes darstellte. Durch dieses Ritual sollte der Regen zurückkehren. Auch hier findet sich wieder die Symbolik von Tod und Wiedergeburt.

Tezcatlipoca war wie fast alle Wiedergeburts-Götter auch ein Gott der Heilung: Wenn Kinder schwer krank waren, wurden sie wie Tezcatlipoca schwarz angemalt und trugen wie der Gott eine Federkrone, die ein Hinweis auf seinen Seelenvogel ist. Wenn die Kinder dann von ihrer Krankheit genasen, wurden sie zu Priestern bzw. Priesterinnen des Gottes geweiht. In seiner Heiler-Funktion wurde Tezcatlipoca auch „Leben-Geber" genannt.

Auch in Mittelamerika findet sich bei dem Schamanen- und Ekstasegott Tezcatlipoca dieselbe Symbolik wie in Europa, im Nahen Osten und in Ägypten. Diese Symbolik stammt offenbar noch aus der späten Altsteinzeit um 14.000 v.Chr., als die Vorfahren der Indianer von Ostasien aus nach Amerika eingewandert sind.

„Tezcatlipoca, ich möchte gerne Ekstase und Einsgerichtetheit besser verstehen und ich möchte auch über beide lernen, was es da noch zu lernen gibt. Kannst Du mir dazu etwas sagen oder mir helfen?"

„Leg' Dich in."

„O.k."

„Entspanne Dich."

... ...

Ich komme in die Gedankenleere.

... ...

Es taucht etwas auf ... groß, fest ... senkrecht in mir – also, da ich liege, waagerecht ... ist das ...

„Sind das meine Chakren als Ganzes ... oder meine Seele, Tezcatlipoca?"

...

Er leitet mich ohne Worte an.

... ...

Das ist der Vajra! Den ich des öfteren bei Heilungen benutze – dessen Teile den Chakren entsprechen.

(Der Vajra ist ursprünglich ein indogermanisches und heute vor allem indisch-tibetisches Symbol, das ursprünglich in der frühen Jungsteinzeit in Mesopotamien einmal den Blitz des Himmelsgott-Sonnengott-Göttervaters dargestellt hat. Die zentrale Kugel entspricht dem Herzchakra; die beiden Lotusblüten, die aus ihr nach oben und unten entsprießen, sind das Sonnengeflecht und das Halschakra; die vier Elefanten-köpfe, die oben und unten aus dem Lotus hervorkommen, sind das Hara und das Dritte Auge; und der Punkt, an dem sich die jeweils vier Rüssel der Elefanten treffen, sind das Wurzelchakra und das Scheitelchakra. Das Vajra symbolisiert das „klare Licht", den Ursprung, das Nirvana und den Sonnengott-Göttervater.)

... ...
... ...
... ...

„Ist das so richtig, daß ich einfach in Gedankenstille daliege?"
...
Ich empfinde ein 'Ja' von ihm.
... ...
... ...
... ...

Die Stille schafft einen Raum, in dem etwas erscheinen kann – ein Leuchten und Strahlen ...
...
Tezcatlipoca: „Darum geht es."
... ...
... ...
... ...

Die Freude ist ... die ich von den Herzmeditationen kenne ... ich lächle ... dieses grundlose Lächeln ...
...
„Die wichtigste aller Ekstasen ist die Einsgerichtetheit auf Dich selber ... auf das, was Du bist ... damit das strahlen kann ... das heißt nicht von anderen isoliert zu sein, daß Dir andere egal sind ... aber Du strahlst ... ohne daß Du strahlst, fehlt allen Begegnungen das Licht, die Tiefe, die Intensität ..."
...
„Heißt das, daß jede Ekstase, jede Einsgerichtetheit, die sich auf einen Aspekt von mir bezieht, also die keine leidvolle Ekstase ist, keine Fixierung ... führt letztlich zu meiner Seele?"
...
„Ja, so ist das ... dort haben alle Ekstasen ihre Wurzel."
...
„Da wird man irgendwann unerschütterlich, nicht wahr?"
„Ja ... das ist das, was einen Krieger ausmacht. Diese Festigkeit in sich selber, die-ses in-sich-Ruhen, dieses den-eigenen-Tanz-tanzen, dieses das-eigene-Lied-singen ... da heraus die Welt zu erleben."

...

„Das ist schön, Tezcatlipoca, das ist gleichzeitig schlicht und bunt ... hm ... und eine große Fülle."

...

Er lächelt.

...

„Ist es das, was Du mir zeigen wolltest?"
„Ja."
„Vielen Dank, Tezcatlipoca."
„Bitte. ... es würde euch insgesamt gut tun, wenn viele Menschen das erleben, erkennen und dann bewußt leben würden."
„Das kann ich mir gut vorstellen! ... Danke!"
Ich kehre zurück.
„Ho!"

X 11. Isis

In dem Kult der ägyptischen Muttergöttin Isis finden sich erst in der Spätzeit ekstatische Elemente, die aus dem Kult der Hathor und aus den kleinasiatischen Religionen übernommen worden sein werden.

„Isis?"
„Ja?"
„Magst Du mir etwas über Ekstase und Einsgerichtetheit sagen oder zeigen?"

...

Ich sehe eine Szene in Ägypten ... es ist Spätzeit ... hm ... 150 v.Chr. oder so was ... ich sehe ein Isis-Fest ... ich gehe in die Szene hinein ... sehe die Menschen um mich ... da ist ... große Aufregung ... also ... jetzt nicht Panik oder Gier, sondern eher so wie ... also nicht Vorfreude ...da passiert jetzt etwas Wichtiges und alle sind schon ganz bewegt ... ...

Ich höre Trommeln ... also, von Trommeln im Isis-Kult habe ich noch nie etwas gehört ...
„Isis? Ist das richtig?"

...

„Ich zeige Dir etwas mithilfe von Trommeln – die waren nicht in meinem Kult, das stimmt – aber ich zeige Dir jetzt etwas damit."
„Gut."

...

81

Es sind Baßtrommeln ... es ist ein bestimmter Rhythmus, also nicht gleichmäßige Schläge ... es ist ein schneller Viervierteltakt ... zwei Achtelnoten, drei Viertelnoten ... ich glaube vom Tempo her ein Allegretto.

... ...

Es drängt mich, mich entsprechend dem Rhythmus zu bewegen und zu tanzen.

... ...

Ich habe keine Ahnung, wo die Trommler sind – ich habe eher das Gefühl, der Trommelklang ist da ohne Trommler.

...

„Du hörst die Trommeln – ich lasse sie für Dich erklingen, weil sie Dir helfen."
„Danke."

... ...

Ein Seufzer ...

Die Trommeln sind langsam verstummt ... in mir entsteht die Stille ... ... ich spüre Isis ... jetzt kommt ein Bild ... Isis hält mich wie ihren Sohn Harpokrates auf ihrem Schoß ... ich lehne an ihrer Brust ...

... ...
... ...
... ...

Die Freude ist wieder da ...

... ...
... ...
... ...

Ich lache vor Freude leise vor mich hin ...

...

„Mir ist noch nicht so ganz klar, was Du mir hast zeigen wollen, Isis."

...

„Fließen im Tanz und Stille und Geborgenheit und Strahlen ... das sind vier Formen der Ekstase ... und diese Folge ist ein einfacher Weg."

...

„Hm ... das haben Shiva und Tezcatlipoca mir im Grunde ähnlich gesagt ... Danke, Isis!"
„Bitte."

...

Ich kehre zurück.
„Ho!"

X 12.   Osiris

Osiris ist wie viele andere Ekstase-Götter ein sterbender und wiedergeborener Gott. Auch er vereint sich im Jenseits mit der Muttergöttin (Isis), die zuvor seinen Penis suchen muß. Wie im Kult der Isis finden sich die ekstatischen Elemente in seinem Kult erst in der Spätzeit.

„Osiris, möchtest Du mir etwas sagen oder zeigen, damit ich Ekstase und Einsgerichtetheit besser verstehe?"
...

Ich muß leise lachen ... ich spüre Osiris ... er ist meine Schutzgottheit ... also sozusagen die Quelle meiner Seele ... und es ist Freude da ...
„Ich bin für Dich der einfachste Weg zur Ekstase."
...
„Hm ... weil Du mein Ursprung bist?"
„Ja."
„Das hat mit der Ekstase in Deinem Kult in der Spätzeit vermutlich wenig zu tun, oder?"
„Damit hat es nichts zu tun, nein."
„Das heißt, es wäre gut, wenn jemand, der Ekstase lernen möchte, seine Seele kennenlernt und herausfindet, von wo seine Seele stammt, aus welcher Gottheit?"
„Ja."
...
„Oder wenn er zumindestens eine Gottheit anruft, die seinem eigenen Charakter ähnlich ist?"
„Ja."
...
„Würdest Du sagen, daß das das ist, womit man anfangen soll, wenn man Ekstase lernen will?"
„Man kann es machen – früher oder später wird man dahin finden ... aber die Wege der Menschen sind sehr verschieden – da gibt es keine solche Regel."
...
„Ja ..."
...
„Gibt es etwas, was Du mir zeigen möchtest?"
Da kommt wieder diese Freude, dieses Erfülltsein ...
...
„Ist das das, was Du mir zeigen willst, Dein Geschenk?"
„Ja."
...

„Danke, Osiris!"
„Bitteschön."
Ich kehre zurück.
„Ho!"

X 13.   Bes

Bes ist ein dicker, bärtiger Gott, der von den Ägyptern stets in kleinen Tempeln bei den Hathor-Tempeln verehrt worden ist. Bes geht vermutlich auf die Schamanen der vorägyptischen Kultur im Niltal zurück. Dieser Gott tanzt und trommelt und trägt ein Löwenfell – er ist also eindeutig als Schamane erkennbar.

„Bes?"
„Ja?"
„Kannst Du mir etwas über Ekstase und Einsgerichtetheit zeigen oder sagen?"
„Komm' her."
Da ist ein ... Platz ... festgestampfte oder festgetretene Erde ... da ist eine Mauer ... ja, wahrscheinlich von einem Hathor-Tempel ... aber wir sind außerhalb des Tempels. ... ...

Bes bewegt sich in einem langsamen Zweiviertel-Takt ... ... einen Schritt links, einen Schritt rechts ... es ist ein bißchen afrikanisch, die Schritte sind leicht gestampft ... er trägt ein Löwenfell ... und hat einen ziemlichen dicken Bauch ... Bart ... zottelige Haare ... trägt ein Messer in der Hand ... ein Symbol der Kraft des Löwen ... ein Symbol seiner Krallen ... ... er geht im Kreis in diesem Schritt ... er bewegt auch die Arme, teilweise den Kopf im Takt ...

Was macht er?

...

Ich sehe Sachmet, die Löwengöttin ... erst war es die Statue, die im Karnak-Tempel steht ... aber dann war's die Göttin selber ... ich glaube, er ruft die Löwengöttin ...

Da sind auch viel schnellere Bewegungen, aber ... ich sehe niemanden, der die Bewegungen macht – das ist das Gefühl von schnellen Bewegungen ...

„Bes?"
„Ja?"
Er stampft weiter in seinem Takt – ganz gleichmäßig ... aber es ist, als würden sich andere Bewegungen dem überlagern, die schneller sind ... und die manchmal auch ... das sind mehrere ... da sind Bewegungen, die schneller sind ... die auch regelmäßig sind ... und zwischendurch einzelne Bewegungsfolgen, die sich in den Rhythmus ein-fügen, aber die wie so kurze Melodiestücke da reinbringen ... aber was sich da

eigentlich bewegt ... das weiß ich garnicht ...

Sind das auch Bewegungen von Lebenskraftschnüren wie bei Krishna?

Das ist wie Musik ... die sich steigert, also wo erst halbe Noten, dann Viertelnoten, dann Achtelnoten, dann Sechzehntelnoten sind ... also der Takt bleibt derselbe, aber die Geschwindigkeit der Noten, also die Schnelligkeit, in der die Noten aufeinander folgen, wird größer ... das steigert sich ...

Ich höre das Brüllen eines Löwen und ... Bes bleibt stehen ... die Kraft von Sachmet erfüllt den Platz ... auf dem Bes getanzt hat und jetzt steht ... das Brüllen kommt wieder und wieder ... Bes läßt sich davon erfüllen ... Sachmet ist in ihm und sie ist auch um ihn herum auf diesem Platz und sie berührt auch mich ... wenn Bes jetzt etwas sagen würde ... hätte das eine sehr große Kraft ... wenn er einen Fluch aussprechen würde, läge die Kraft der Sachmet darin ... das wäre ziemlich vernichtend ... ebenso, wenn er etwas anderes sagen würde, wenn er etwas heilen oder lenken würde ... ... aber er steht jetzt nur da und tut nichts in der Art ... er spürt Sachmet und läßt die Kraft durch sich fließen ... es ist ganz mühelos, was er da macht ... das fühlt sich an, als ob er jetzt zuhause wäre, in dem entspannten, einfachen Zustand ...

... ...

... ...

... ...

Er öffnet die Augen und blickt mich an (meine Stimme ist auf einmal ganz tief geworden) und lächelt und ich kann Sachmet in seinem Lächeln fühlen ... ...

Dann legt er die Hände auf den Boden ... da habe ich das Gefühl, daß das ein Bild ist, das ich dazugetan habe, weil ich dachte, daß er seinen Zustand mit einer Geste beenden müßte ...

Er verabschiedet ... ne, ich weiß garnicht, wie man das nennen soll – es ist, als ob er in diesem Zustand bleiben würde, als würde dieser Ekstase-Zustand weiterhin den Hintergrund bilden und er ... aber in das normale Wachbewußtsein zurückkehrt ... Geht das? ... Ne, dieser Zustand bildet nicht den Hintergrund, sondern es ist das Wissen da, daß dieser Zustand immer erreichbar ist ... ja, so ist es präziser ...

... ...

Ich stehe da an diesem Platz und sehe Bes und ich muß einfach lächeln, weil ich ... ja, weil diese grundlose Freude ist da ...

Ich hatte gedacht, ich würde Bes jetzt alles Mögliche fragen, aber ... ich schaue ihn an und er schaut zurück – da gibt es nichts zu fragen oder zu erklären ... er hat mir gezeigt, wie es geht ... und ich habe gesehen, wie es geht.

...

Und was diese Bewegungen sind, die dabei aufgetaucht sind, das werde ich schon noch herausfinden und erkennen ...

Ein entspannendes Gähnen ...

„Vielen Dank, Bes!"

Er lächelt einfach ...
„Danke!"
Ich kehre zurück.
„Ho!"

X 14.   Devi / Shakti

Die indische Muttergöttin Devi („Göttin"), die auch „Shakti" („Kraft") genannt worden ist, ist die Verkörperung der Lebenskraft und wird manchmal als die Gefährtin des Gottes Shiva angesehen. Sie ist daher wie Shiva auch mit den tantrischen Ekstase-Ritualen verbunden – auch wenn dieser Aspekt nicht in jedem Kult der Göttin eine Rolle spielt.

„Devi-Shakti ... ich würde gerne die Ekstase und die Einsgerichtetheit besser verstehen ... und sie auch erlernen ... daß es mir noch leichter fällt, in diese Zustände zu kommen ... tiefer in diese Zustände zu kommen ... Kannst Du mir dazu etwas sagen oder zeigen?"

„Suche nicht so viel ... finde ... sei da ..."

„Hm ... mehr meditieren und weniger forschen?"

„Dein Forschen ist schon o.k., denn Du verstehst dann den Weg besser. ... Mehr Meditieren ist auf jeden Fall gut – weil Du's dann tatsächlich versuchst umzusetzen (weil ich dadurch die Forschungs-Ergebnisse umsetze), aber im Augenblick da sein ist noch besser."

...

„Hm ... einfach im Hier und Jetzt sein?"

„Ja ... und versuche möglichst vollständig im Hier und Jetzt zu sein. ... Die Einsgerichtetheit entsteht dadurch, daß Du ganz da bist ... völlig egal, wo Du gerade bist."

...

„Hm ... das läßt das Ganze noch mal anders aussehen ... Du meinst, ich soll alles, was ich tue, ganz tun?"

„Warum solltest Du es sonst tun?"

„Ehm ... ... ja ... das ist sehr einleuchtend ... also schauen, ob ich etwas tun will oder nicht und es dann entweder ganz tun oder sein lassen?"

„Es ist immer noch viel Überlegen in Deiner Beschreibung, aber sie ist auf jeden Fall schon besser."

...

„Heißt das ... das heißt, hemmungslos fühlen – stimmt das?"

„Ja – in Deinem Fühlen spürst Du Deine Einstellung zu dem, was da ist. Daher

spürst Du durch das Fühlen auch Dich selber."

...

„Hm ... hieße das nicht auch hemmungslos denken?"

„Im Prinzip ja – wenn Du damit nicht endloses Grübeln meinst, sondern waches Schauen auf das, was da ist, und waches Erkennen von dem, was da ist."

...

Ein tiefer Seufzer ...

„Das sieht ja aus als ob wir eine Gewohnheit der Nicht-Ekstase entwickelt hätten."

„Das habt ihr auch. ... Und das ist kein normaler Zustand, das ist wie ein Nebel, wie ein Schleier – Tiere machen das nicht, die sind sehr direkt in ihrer Wahrnehmung und in ihrer Reaktion."

„Wie sind wir denn da hingeraten??? ... Mir fällt da als erstes auf, daß es im alten Ägyptischen Reich offensichtlich noch keine Scham gegeben hat, also ... die Menschen haben alles gesagt und gezeigt ... also ... komplett ... da gibt es unter den Hieroglyphen, die man an den Tempeln findet, auch einen erigierten Penis, aus dem gerade eine Flüssigkeit vorne rauskommt – als Symbol für 'erzeugen' ... und dieses Fehlen von jeglicher Scham gilt auch für alle anderen Körperausscheidungen und alle anderen Sachen ... die haben einfach alles ausgesprochen und aufgeschrieben, wie es ist ... haben die Ägypter ... sind die noch ... in diesem direkten Hier und Jetzt gewesen?"

„Die waren wesentlich näher dran."

„Ist das durch das Königtum nach und nach entstanden?"

„Das hat viel damit zu tun. Das Ich des Königs ist der Wille von allen – das führt zu einer Distanzierung von sich selber ..."

„Hm ... und der Materialismus mit seiner Distanziertheit und seiner Objektivität und dem Forschen und so ... ?"

„Das bringt noch mal Distanz."

„Hm ... und jetzt, wo wir langsam in die Epoche des Erwachsenseins kommen ... da steht es an, das wieder zu lernen ... hm ... ich bin nie auf die Idee gekommen, daß die Abwesenheit von Ekstase, also das Verharren im 'normalen' Wachzustand, eine Abweichung von dem ist, wie es eigentlich sinnvoll ist, also daß das ein Irrweg ist ... Devi, da zeigst Du mir echt etwas Neues ..."

„Und was willst Du damit tun?"

„Kann ich noch nicht überschauen ... ich muß das erst mal sacken lassen ... und schauen, was das denn bedeutet ... ... hm ... gibt es da noch etwas, was Du mir sagen möchtest?"

„Ich glaube, das ist für heute genug."

„Ja, ich glaube, da hast Du recht. ... Vielen Dank, Devi-Shakti!"

„Bitteschön – Du kannst gerne wiederkommen."

„Danke."

Ich kehre zurück.
„Ho!"

X 15. Dakini

Eine Dakini ist eine Göttin, ein Geist oder eine Frau, die einem Yogi oder einer Yogini auf seiner/ihrer Suche nach Erleuchtung hilft. Sie kann auch die Rolle der Frau in den tantrischen Ritualen übernehmen.

„Dakini?"
„Ja?"
...
„Magst Du mir etwas zur Ekstase oder Einsgerichtetheit zeigen oder sagen?"
„Drück' Dich nicht vor dem Leben, drück' Dich nicht vor Deinen Gefühlen – und drück' Dich vor allem nicht vor Deiner Trauer und Deinem Schmerz! Wenn Du diese beiden nicht einfach lebst und fließen läßt und da sein läßt, dann mauerst Du Dich ein, dann igelst Du Dich ein, dann schottest Du Dich ab, dann läufst Du wieder Richtung Einsiedler."
Ein sehr tiefer Seufzer ...
„Dabei könnte ich ab und zu noch ein bißchen Inspiration brauchen ... wie ich damit umgehen könnte ... das zieht sich irgendwie schon ziemlich durch mein Leben ..."
„O.k."
„Das heißt ... (noch ein tiefer Seufzer) ... wenn ich wieder mal in so etwas reingerate, gibst Du mir dann einen Hinweis oder eine Anregung?"
„Das kann ich gerne machen."
„Puh ... und vielleicht ab und zu ... einen Tipp ... was die richtige Richtung ist – also, die mir guttut, was ich tun könnte ... mein Leben reicher macht ..."
„Gerne ... und ich bin Dir ja auch schon des öfteren erschienen in der Form von Frauen, die Dir wichtig waren – seltener Männer, meistens Frauen ..."
„Ja – das hab' ich gemerkt! ... Als ich das richtig begriffen habe, hab' ich auch das Buch über die Dakinis geschrieben."
...
Noch ein Seufzer ...
...
„Ja, und wenn Du mir ab und zu ein paar Tipps gibst, wie ich mit dem ständigen Wandel umgehen kann ... das wäre auch schön."
„Gerne."
...

„Möchtest Du noch etwas sagen?"

„Wenn Du keine Frage hast, nicht."

„Hab' ich noch eine Frage? ... (noch ein Seufzer) ... Erst mal nicht, Dakini. Vielen Dank!"

„Bitteschön."

Ich kehre zurück.

„Ho!"

X 16.   Mafdet

Mafdet ist die ägyptische Panthergöttin, die bis zu den beiden Panthern der Göttin von Göbekli Tepe zurückreicht, aus der in Ägypten Isis und Hathor entstanden sind. Die eigentliche Wurzel dieser Göttin ist der Panther, mit dem sich die Jäger in der späten Altsteinzeit identifizierten. Diese Form der Jagdmagie wurde damals durch Männer mit Pantherkopf, die aus Mammutelfenbein geschnitzt worden sind und heute meistens „Löwen-Mann" genannt werden, dargestellt.

„Mafdet? ... Ich würde Dich gerne besser kennenlernen."

Ich sehe eine Gestalt, die halb Mafdet, also Göttin, und halb Panther ist, also das ... wechselt so zwischen den beiden ... ich sehe die Krallen und die Zähne ... ich sehe ... die Jagdbegierde und die Jagdkonzentration ... die Einsgerichtetheit ... auf die Gazelle ... die der Panther gleich fangen wird ... fressen wird ... er ist einsgerichtet ... weil er nur so die Gazelle erlegen kann ... und fressen kann und somit weiterleben kann ... es ist ganz direkt ... der Panther will leben, dafür muß er fressen, dafür muß er erfolgreich jagen ... ganz schlicht ... ... und das geht nur, wenn er einsgerichtet ist ...

„Hm ... und das gilt auch für uns heute, Mafdet?"

„Ja – eure Welt ist nur so komplex und vielschichtig geworden, daß ihr euch verlaufen habt ... daß ihr in eurem Denken herumkreist in den Strukturen, die ihr selber erschaffen habt, wodurch alles so indirekt wird. Ihr rafft euch auf, um arbeiten zu gehen, tut Dinge, die ihr eigentlich nicht tun wollt, und in vielen Fällen auf eine Art, wie ihr es nicht tun wollt – bekommt Geld dafür ... und weil ihr das nicht aushaltet, trinkt ihr dann zuviel Bier und braucht Drogen und dergleichen, um irgendwie ein bißchen wieder in die Einsgerichtetheit zu kommen ...

Da wäre ein bißchen Klarheit gut ... und einiges an Umgestaltung eurer Kultur – die wäre auch gut ... damit die Direktheit wieder Platz hat ... damit ihr nicht so viel Indirektes tut ... Ihr seid nicht aufs Leben konzentriert, ihr seid aufs Geld konzentriert – das steht zwischen euch und dem, was ihr tut ... ihr sucht nach Geld, damit ihr *leben könnt ... es wäre hilfreich, das ein wenig umzubauen ...*

Schaut euch an, wie Familie funktioniert ... und baut eine Gesellschaft nach diesen Prinzipien auf."

...

Ein sehr tiefer Seufzer ...

„Das war jetzt nicht das, was ich von einer Panthergöttin erwartet habe ..."

„Das ist nicht das, womit ich mich normalerweise befasse, was ich tue, aber es ist das, was ich Dir zu Deiner Frage sage."

...

„Das bringt's noch mal mehr auf den Punkt. ... Das heißt, wir haben tatsächlich in den ... ja, letzten viertausend Jahren, oder fünftausend Jahren – jenachdem, wann diese Entwicklung anfing im Ägyptischen Reich ... eine Kultur aufgebaut, in der unsere Handlungen so komplex und indirekt geworden sind (Lohnsteuer-Rückerstattungsantrag statt Jagen)*, daß wir nicht mehr einsgerichtet sind in dem, was wir tun – weil wir garnicht mehr den langen Bogen von unserer Motivation bis zu unserer Handlung überschauen."*

...

„Ja – dieser Bogen sollte kürzer werden. Es sollte wieder ersichtlich sein, warum ihr genau das tut, was ihr tut. Und es sollte möglich sein, daß ihr es auf die Art tut, die euch entspricht ... so wie jeder Jäger auf seine Art jagt – mit Schlinge, mit Pfeil und Bogen, Treibjagd, auf'm Hochstand sitzen ... es gibt viele Methoden ... an einer Wasserstelle auflauern ..."

Noch ein Seufzer ...

„Ja ... das klingt ... nach einem weiten Feld und ... nach sehr viel ungenutztem Potential ... das klingt nach sehr viel Nicht-Leben ... o.k. ... das ist präziser, ja ... ohjemine ... Das weitet dieses Ekstase-Thema aber gewaltig aus!"

...

„Ja, darum geht es."

...

„Manche Afrikaner und manche Indianer – die haben noch was davon, oder?"

„Ja – die haben sich noch ein bißchen mehr davon bewahrt."

...

Ein tiefer Seufzer ...

...

„Oh Mann! ... Danke Mafdet! ... Das braucht, glaube ich, ein bißchen Zeit, bis das angekommen ist ... also, bis ich das umsetzen kann, bis ich ... das in den meisten Situationen erfassen kann."

...

„Ja, wenn Du das klar hast, wirst Du deutlich anderes handeln als jetzt."

„Das ahne ich, ja."

...

Noch ein Seufzer ...

...

„Das scheint mir auch die Begegnungen mit Menschen ziemlich umzukrempeln."
„Ja, die werden dann anderes sein. Du wirst einfach spontan und direkt das sagen und tun, was Du willst."
„Klingt sehr nach Widder (Sternzeichen). *"*
„Ist es ja auch."

...

„Das ist im Grunde auch das, was Lao-tse gelehrt hat – stimmt das?"
„Da liegt noch mehr drin – da liegt sehr viel Vertrauen drin, in dem was Lao-tse sagt ... aber dieses Element der Ekstase, das spielt da auch mit, ja."

...

„Danke, Mafdet!"
„Bitteschön."

...

Ich kehre zurück.
„Ho!"

X 17.   Sachmet

Sachmet ist die ägyptische Löwengöttin, die auch die Göttin des Krieges und des Kampfrausches ist.

Als nach dem Ende der nach eiszeitlichen Regenzeit um 6000 v.Chr. die bis heute andauernde Trockenperiode begann, wurden die Wälder und die Savannen, in denen der Panther lebte, zu Steppen und schließlich zu Wüsten, die die Heimat der Löwen waren. Daher trat der Löwe auch in den Mythen an die Stelle der Panther.

„Sachmet?"
„Ja?"
„Möchtest Du mir auch etwas zur Ekstase und Einsgerichtetheit sagen?"

...

Ein tiefer Seufzer ...

...

Ich spüre, daß sie will, daß ich spüre, daß ich fühle ... ich merke mein Sonnen-geflecht ... ich merke, daß mein Sonnengeflecht zaghaft ist und vorsichtig ist ... und Sachmet zeigt mir ein ganz anderes Gefühl ...
„Harry?"

91

„Ja?"

„Komm in die Statue von mir, die in Karnak steht – die, bei der Du Dich geradezu erschrocken hast, wie präsent ich da noch bin, in dieser Statue ."

„Ja ... ja, gut ..."

Ich bin in diesem Tempelraum am Nordost-Rand des Tempelbezirks von Karnak ...

... ...

Uff ... das ist ... heftig ... das ist derartig direkt und fokussiert ... Bereitschaft zuzu-beißen ... Bereitschaft zu brüllen ... Bereitschaft einfach da zu sein ... Bereitschaft sich zu paaren ... Bereitschaft die Jungen zu verteidigen ... ...

Sein und Tun ist da dasselbe ... ich tue, was ich bin ... ja, ich tue, was ich bin ... da ist zwischen Herzchakra und Handlung ... da ist kein Weg (keine Distanz) ... das heißt, da ist schon ein Weg, da sind die sechs äußeren Chakren, aber ... jeder Impuls des Herzens fließt dort vollkommen unverbogen, unverzerrt hindurch ... da kommt außen ganz klar das an, was von innen ausgegangen ist ... Puh! ... das ist hundert-prozentige Aufrichtigkeit ... und Direktheit ... und Wollen ... und Sein und Tun ...

Da ist kein Schwanken, da ist kein Zögern ... da ist kein Bedenken ... das heißt nicht, daß da der Verstand nicht da ist und nicht die Klarheit und Wachheit, aber ... da gibt es nicht den Hauch eines faulen Kompromisses ... und nicht den Hauch einer Verbiegung ...

Noch ein Seufzer ...

...

Ich stimme dem zu: „Ja ..."

„Willst Du so sein?"

...

„Jaa ... das ... will ... ich, aber ... es wäre mir lieb, wenn das nicht einfach von jetzt auf gleich kommt, ich glaub, das ... das ist zuviel ..."

„Du würdest es aushalten. ... Aber es würde Wogen schlagen – das ist schon richtig ... ziemlich hohe."

...

„Dann bitte häppchenweise! ... Ich glaube ... das fällt mir ... einfacher!"

Noch ein sehr tiefer Seufzer ...

Sachmet: „So sei es."

...

„Danke, Sachmet!"

„Bitteschön. ... Wurde aber auch langsam Zeit!"

„Hm ... ja ... ja ... ja ... stimmt ... Danke."

Ich kehre zurück.

„Ho!"

X 18. Panthermann

Der „Panthermann" findet sich als Figur aus Mammutelfenbein in der späten Altsteinzeit (Hohlenstein-Höhle; ca. 37.000 v.Chr.), als steinerner Totempfahl in den frühen Tempeln der Jungsteinzeit (Göbekli Tepe, ca. 9500 v.Chr.) und als Wandgemälde in den Tempeln der mittleren Jungsteinzeit (Çatal Höyük, ca. 7000 v.Chr.). Er ist ursprünglich vermutlich ein Jäger gewesen, der sich mit dem Panther identifiziert hat, aber seine Symbolik ist schon früh von dem Schamanen übernommen worden, da sie sich weltweit findet. Da sowohl im Jagdzauber als auch von den Schamanen Ekstasetänze benutzt worden sind, könnte es hilfreich sein, auch eine Traumreise zu dem Panthertänzer zu unternehmen.

„Panthermann, Panthertänzer ... kannst Du oder könnt Ihr mir etwas über Ekstase und Einsgerichtetheit erzählen."

„Na, das Wesentliche hast Du doch schon gehört: Du kannst nur erfolgreich jagen, wenn Du erfolgreich jagen willst – und das einsgerichtet. Und wenn Du die Kraft dafür hast."

...

„Was meinst Du damit ...?"

Ich sehe die Panthertänzer mit Pantherfellen bekleidet tanzen ...

„Identifiziert ihr euch da mit dem Panther?"

„Ja."

„So wie auf dem steinernen Totempfahl von Göbekli Tepe, wo ein Mann Pantherohren hat, wo Schlangen aus der Erde aufsteigen (Kundalini), also die Kraft der Ahnen zu ihm kommt, und wo der Mann seine Hände auf dem Totenschädel eines Ahnen liegen hat? Ist es das?"

„Das ist das. ... Wir rufen die Kraft des Panthers und wir sind mit den Ahnen verbunden und deshalb trägt auch der Schamane ein Pantherfell – nicht nur wir."

„Das heißt, der Panthertänzer strebt die Panther-Ekstase an ... das heißt, das ist nicht nur eine Einsgerichtetheit der Absicht, das ist ... das ist auch Magie, ne?"

„Ja, klar! ... Wir werden dadurch so stark und so schnell und so erfolgreich in der Jagd wie ein Panther. ... Dann kann uns keine Gazelle und keine Antilope und ähnliches mehr entkommen. ... Wir werden sie erlegen und wir werden sie essen."

...

„Das heißt, es geht bei der Einsgerichtetheit nicht nur um einen guten, angenehmen Bewußtseinszustand und um die effektive Einsetzung der eigenen Kraft, sondern es geht auch noch um die magische Erweiterung der eigenen Kraft?"

„Ja."

„Wenn wir den Panthertanz tanzen, jagt anschließend der Panther in uns – nicht ein Bild des Panthers, das wir irgendwo in uns haben und dem wir uns annähern, *sondern der Panther, die Panthermutter ... die ist dann in uns, wir sind dann mit dem Panther verbunden ... also ... mit der Weißen Panthermutter ... der Muttergöttin der Panther."*

(Diese Panthermutter ist dann später bei den Ägyptern zu der Panthergöttin Mafdet geworden.)

...
„Das gilt dann wohl auch für die Löwen, für die Pumas, die Tiger, die Jaguare, die Orcas ..."
„Ja ... das ist dasselbe, nur mit anderen Tieren – jenachdem, was das Großraubtier ist, dort wo diese Menschen leben."
... ...
„Das heißt doch, die Ekstase gestaltet das Geschehen ..."
„Ja, das heißt es. ... Die Ekstase ist nicht nur ein vollkommener Selbstausdruck und ein vollkommenes Erleben dessen, was da ist – es ist auch das vollkommene Gestalten dessen, was da ist. Wenn Du darin hundertprozentig bist, kannst Du Tote erwekken, kannst Du fliegen ..."
„Hm ... ja, ich habe schon einiges in dieser Richtung erlebt ... zwar noch nichts, was so extrem ist, aber in die Richtung geht's schon ... ... hm ... das weitet sich immer mehr aus mit der Ekstase – mit der Bedeutung, die das hat ..."
„Zur effektiven Magie braucht man Ekstase."
...
„Hm ... kannst Du mir noch etwas erzählen oder möchtest Du mir noch etwas sagen?"
„Das ist mein Teil dazu ... wenn Du da irgendwann mal konkreter wirst, werden wir uns wiedersehen."
„Danke, Panthertänzer."
„Bitte."
Ich kehre zurück.
„Ho!"

X 19. Deborah

Deborah („Biene") ist eine jüdische Richterin und Prophetin, die in der Zeit zwischen 1250 v.Chr. und 1000 v.Chr. gelebt hat und auch bei der Führung von Kriegen dem Heerführer die Weisungen Gottes übermittelt hat und mit ihm in den Krieg gezogen ist.

„Deborah?"

„Was willst Du denn?"

„Ehm ... ich hatte den Eindruck von den Schriften in der Bibel, daß Du weißt, was Ekstase ist."

„Ja, das weiß ich."

„Und ich würde gerne etwas dazu lernen und es besser verstehen. Gibt es da etwas, was Du mir sagen kannst?"

„Folge dem Gesetz."

...

„Ehm ... das führt zur Ekstase???"

„Ja."

„Hm ... da Du eine Richterin und eine Prophetin bist, ist es schon schlüssig, wenn Du mir das sagst, aber kannst Du mir da noch ein bißchen mehr zu sagen?"

„Nicht das Gesetz der Menschen, nimm das Gesetz der Welt, das Gesetz des Lebens, das Gesetz Gottes – wie immer Du es nennen möchtest."

„Du meinst das, was die Ägypter 'Ma'at', die Sumerer 'Me', die Inder 'Dharma', die Tibeter 'Tashi' und die Navahos 'Ho'zong' nennen? Diese Richtigkeit in allen Dingen?"

„Ja, diese Qualität. Folge dieser Qualität. Folge diesem Gesetz des Lebens."

„Hm ... was ist denn dieses 'Gesetz des Lebens'? Das, was ich kenne, ist das, was die Mythen beschreiben – daß jedes Ding seine eigene Qualität hat, seinen Ort hat und seine ... ich sag mal, seine richtige Geschichte ... und das die Ma'at eines Menschen seine Seele ist ... und, ja, sein Horoskop."

...

„Ma'at ist Richtigkeit ... Ma'at ist, wenn das, was in Deinem Herzen ist, vollkommen unverändert, aber konkretisiert bis ins Hier und Jetzt kommt. ... Du folgst dann Deinem eigenen Gesetz – und Dein eigenes Gesetz ist Teil des Gesetzes der Welt ... Du kannst auch 'Ordnung' oder 'Richtigkeit' sagen – manchen Menschen behagt das mehr als 'Gesetz'."

...

„Hm ... das heißt, das Leben ist ein großes Ganzes, das in sich geordnet ist, in dem alle Dinge ihren Platz haben und in einem sinnvollen Verhältnis zu allen anderen Dingen stehen?"

„Das siehst Du ja schon daran, daß es Astrologie gibt, daß Du Tarotkarten legen kannst und ähnliche Dinge ... Die Welt hat nicht nur die kausale Ordnung, sie hat auch eine magische Ordnung, wie immer Du das nennen willst – eben diese Richtigkeit."

„Ehm ... heißt das, daß ich durch die Ekstase dahin komme, daß das, was ich wirklich bin in meinem Herzen, sich ganz klar und unverändert ausdrückt und dann durch den Einklang ... ja, dadurch, daß es seine eigene Richtigkeit bewahrt, in Harmonie

95

mit der Richtigkeit der Welt steht?"

„Ja. ... Wenn Du Deinem eigenen Gesetz folgst, und dieses Gesetz wirklich richtig erkannt hast, bist Du im Einklang mit Gottes Gesetz."

„Hm ... das heißt, wenn ich dann handle, ist das so, als wenn Gott handelt?"

„Ja."

„Und deshalb können wir Menschen, wenn wir einsgerichtet sind, 'außergewöhnliche Magie', also Wunder vollbringen?"

„Ja, so einfach ist das."

...

„Also, dieses Ekstase-Prinzip weitet sich immer mehr aus ..."

„Ja, es ist ein sehr zentrales Element – und ihr achtet es alle nicht mehr ... nun, fast alle nicht mehr."

...

„Hm ... deshalb hat Christus sich bei Gott bedankt, bevor er ein Wunder gemacht hat, bevor er Gott gebeten hat, ein Wunder zu vollbringen?"

„Er ist in seine Richtigkeit gegangen und war dadurch im Einklang mit der Richtigkeit von Gott und deshalb wußte er, daß Gott seine Bitte erfüllen wird."

...

„Ja ... ja ... wirklich schlicht und einfach ... und die Ekstase ermöglicht ... daß ... das, was innen ist, unverstellt nach außen kommt ..."

„Es kommt immer alles nach außen und es erzeugt dort sein Spiegelbild, aber wenn es verzerrt wird auf dem Weg von drinnen nach draußen, ist auch das Spiegelbild verzerrt."

...

„Und der 'Blitzstrahl der Schöpfung' aus der Kabbala, der Rauch der Heiligen Pfeife bei den Indianern, der Heilige Geist zu Pfingsten, der über die Apostel kam, die Flammenhülle rings um Mohammed, wenn er mit Gott verbunden ist – das ist alles dieser Einklang des eigenen Gesetzes mit dem Gesetz Gottes oder mit dem Gesetz des Lebens?"

„Ja, so ist es."

...

„Hm ... dann ist die Einsgerichtetheit zu einem ganz großen Teil ... ja ... die Entschlossenheit zu einer ganz tiefen Ehrlichkeit ..."

„Ja, Du tust, was Du bist. Das ist das Gesetz."

... ...

„Hm ... ... bei diesen Traumreisen denke ich jedesmal 'Oh – noch ein Stück weiter – weiter kann's wirklich nicht mehr gehen!' ... und jetzt zeigst Du mir schon wieder einen neuen Aspekt. ... Hm ... gibt es da noch einen Aspekt, den Du mir zeigen möchtest?"

„Wenn Du wieder einmal eine Frage hast, kann ich Dir vielleicht etwas zeigen."

„Hm ... Du konntest Dich darauf verlassen, was Du wahrgenommen hast, nicht wahr?"

„Du meinst, daß ich vorhergesagt habe, daß der Feldherr den Krieg gewinnt und daß der gegnerische König von einer Frau ermordet wird?"

„Ja – und daß der Feldherr dann gesagt hat: 'O.k., Du kommst mit – wenn Du recht hast, wirst Du belohnt, und wenn Du Unrecht hattest, wirst Du von den Gegnern getötet oder versklavt.'"

„Ja ... das ist doch in Ordnung so. Entweder meine Vorhersagen stimmen oder sie stimmen nicht – und ich trage die Folgen."

„Hm ... dieses Vertrauen ist ganz schön groß ..."

„Ja – das von Elias und von Christus war auch groß ..."

„Gibt's da einen Unterschied? In der Größe dieses Vertrauens?"

„Es gibt die Annäherung dahin, wenn es noch nicht da ist – da gibt es ein Mehr oder Weniger ... aber irgendwann ist es da ... dann ist es da ... dann gibt's kein Mehr oder Weniger ... und das haben schon viele gefunden ... Milarepa in Tibet oder Naropa in Indien oder die vielen anderen Yogis, die Wunder vollbracht haben, die Berserker haben sich drauf verlassen, die Druiden, der Apachenhäuptling Geronimo ... es gibt ganz viele Geschichten, in denen Du Menschen finden kannst, die dieses Vertrauen erreicht haben ... die einfach in der Ma'at waren, in der Richtigkeit ... die ihrem Gesetz gefolgt sind ..."

„Hm ... Danke, Deborah ... Du hast mir weit mehr gegeben als ich überhaupt nur gehofft habe."

„Bitte ... wenn Du eine gute Frage stellst, erhältst Du eine gute Frucht."

„Hm ... ja ... Danke ..."

Ich kehre zurück.

„Ho!"

X 20. Christus

Christus selber ist kein Ekstase-Gott, aber bei den Mystikern, die sich an ihn wenden, finden sich häufig Ekstase-Erlebnisse.

„Christus?"

„Ja?"

„Hm ... ich merke, daß ich mich ein bißchen befangen fühle ... ich habe zwar schon oft bei Heilungen mit Dir gesprochen und Dich um Hilfe gebeten ... aber noch nie so ein Gespräch aufgeschrieben und ... es ist einfacher ... ja, ein Gespräch mit einer Gottheit aus irgendeiner exotischen Religion aufzuschreiben, weil wenn ich jetzt mit

Dir spreche und das aufschreibe ... und das eben in so einer christlich geprägten Kultur in einem Buch erscheint ... sagen wir mal so: es löst mehr Gefühle aus als wenn ich über die japanische Sonnengöttin Amaterasu etwas sage ... "

„Das ist so. Und – fürchtest Du Dich?"

„Nein, fürchten nicht ... es ist nur so ... hm ... wie ein leicht unsicheres mich-Umschauen ... Was tue ich da? Wo gehe ich da hin? Was passiert da?"

...

„Und? Was willst Du tun?"

Ein großer Seufzer ...

„Ja, ich glaub', das reicht jetzt mal als Vorrede ... Kannst Du mir etwas über Ekstase und Einsgerichtetheit erzählen?"

...

„Wieso hast Du eigentlich nicht vorgehabt, auch Buddha zu fragen?"

„Hm ... ich bin nicht drauf gekommen ... aber o.k. ... ich werde auch noch eine Traumreise zu Buddha machen."

„Tu das – das lohnt sich. Du mußt nicht zu allen Yogis reisen, aber laß Buddha nicht aus."

„O.k. ... hm ... Möchtest Du mir auch etwas zeigen?"

Jesus lacht leise und spricht: „Du denkst gerade an den Berg, auf dem ich Moses und Elias gerufen habe? Und was die Apostel, die bei mir gewesen sind, nicht ausgehalten haben und daher bewußtlos geworden sind?"

„Ja ... ist das das beste Beispiel?"

„Es ist rein und es ist keine Handlung da. Das ist gut. Willst Du da noch mal hingehen?"

„Ja, gerne."

„Dann komm' mit."

...

Ich bin auf dem Berg ... neben den bewußtslosen Aposteln ... da ist Christus ... links über ihm schwebt als Lichtgestalt Moses und rechts über ihm als Lichtgestalt Elias ... sozusagen seine Adi-Buddhas, seine Vorfahren in seiner Übertragungsreihe.

... ...

„Komm in mich."

„Ja, gut."

Ich wechsle mit meinem Bewußtsein in Christus hinein.

...

Freude ... Weite ... Gelassenheit ... Ma'at, also Richtigkeit ... Vertrauen ...

Ich muß vor lauter Freude leise vor mich hinlachen ...

Freude ... Wärme ... Erfülltsein ... ...

Ja ... ich kenne diesen Zustand vom Meditieren ...

„Möchtest Du immer in diesem Zustand sein?"

„Ja … ja, das will ich – auf jeden Fall!"

…

„Du hast ja schon viel geforscht und probiert …"

„Ja …"

Ich muß vor mich hinlachen … ich bin voll von dieser Freude …

…

„Danke, Christus!"

„Bitte … dieses Geschenk steht für jeden von euch bereit … ich habe versucht, es auf viele Arten zu beschreiben … aber es sind nicht übermäßig viele Menschen, die es verstanden und umgesetzt haben …

„Hm … … … wenn Du sagst, der Glaube kann Berge versetzen, dann meinst Du auch diesen Zustand, oder? Den Einklang zwischen Dir und Gott, den Deborah beschrieben hat?"

„Ja, genau das."

„Hm … ich würde Dich gerne noch etwas fragen."

„Dann frag'."

„Ich hab' das häufiger mal mit Leuten gemacht, die unsicher waren oder die diese Qualität nicht verstanden haben, daß ich denen gesagt hab', sie sollen sich vorstellen, mit Dir nach der Speisung der Fünftausend auf den Berg zu gehen und dort zu meditieren und dann am nächsten Tag mit Dir hinunter zum See Genezareth zu gehen, zu dem die Apostel schon vorgegangen und mit einem Schiff losgefahren waren, und dann neben Dir über das Wasser zu laufen und dann mit ihrem Bewußtsein in Dich zu wechseln, um zu erleben, wie sich das anfühlt. Magst Du mir dazu etwas sagen?"

„Hier auf dem Berg mit Moses und Elias erlebst Du den Zustand sozusagen im Sein; dort auf dem See Genezareth erlebst Du das Tun – das, was daraus folgt … Schau Dir beides an … guck einfach, wem Du was zeigen magst – es ist beides gut …"

„Danke, Christus … kannst Du mir noch etwas dazu sagen, daß Du Moses und Elias rufst?"

„Ja, ich bin nicht der erste, der diesen Zustand erreicht – das haben viele Menschen vor mir auch getan … und es macht es einfacher, wenn ich mich mit ihnen verbinde … wenn ich mich auf sie konzentriere … sie sind den Weg schon gegangen … und sie wissen, wo der Weg ist … insofern kann ich sie als Weg zu meinem Ziel benutzen – weil sie dasselbe Ziel hatten und weil sie es erreicht haben."

…

„Lernen durch Nachahmung?"

„Ja – so wie kleine Kinder lernen: Du willst etwas lernen und suchst Dir das größte Vorbild dafür und dann verhältst Du Dich so wie dieses Vorbild … das ist die einfache Weise zu lernen …"

„Das heißt, Deine Vorbilder waren Moses und Elias? … Und von Johannes dem

Täufer hast Du ... Ja, wie soll man das sagen? ... von einem anderen die Verbindung zu Gott bekommen."

„Ja – das, was man in Tibet 'Belehrung und Kraftübertragung' nennt. Johannes der Täufer hat mir diese Kraftübertragung gegeben und mich belehrt; und ich selber habe mir Moses und Elias ausgewählt, das sie mich leiten, damit ich das erreiche, was ich erreichen will: die Verbindung mit Gott."

„Und das hast Du in den vierzig Tagen in der Wüste dann ... ja ... umgesetzt, verwirklicht, Dich verwandelt?"

„Ja ... da habe ich das geerdet, was Johannes der Täufer mir gegeben hat, und was Moses und Elias mir gezeigt haben."

„Hm ... und Du hast das dann an die Apostel weitergegeben."

„Ja."

„Und die haben es an andere weitergegeben. ... Hm ... das bringt noch mal einen anderen Aspekt in das Ganze. ... Das heißt ... Ekstase ist einfacher zu erlernen, wenn man ein Vorbild hat, und wenn man jemanden hat, der einem mal zeigt wie's geht ..."

„Ja."

...

„Hm ... Danke, Christus!"

„Bitte."

...

„Ja, ich glaube, das ist jetzt erst mal gut."

„Ja."

„Danke!"

Ich kehre zurück.

„Ho!"

X 21.   Derwische

Die Sufi-Richtung der Derwische benutzt einfache Tänze, bei denen man sich auf der Stelle dreht, um die Einsgerichtetheit zu erreichen. Bei diesem Drehen blickt man in die ausgestreckte Hand – sobald man woanders hinblickt, wird einem schwindelig, was es sehr erleichtert, sich auf die eigene ausgestreckte Hand zu konzentrieren.

Dieser „Trick" ist der tibetischen Tummo-Meditation sehr ähnlich, durch die man sich in der Kälte in Tibet warmhalten kann – und durch die man nebenbei auch die Kundalini erweckt.

„Ihr Derwische, ihr tanzenden Derwische, ihr wirbelnden Derwische ... könnt ihr mir etwas zur Ekstase und Einsgerichtetheit zeigen? Oder sagen?"

„Tanze – tanze den Derwisch-Tanz ... dreh Dich rechtsherum auf der Stelle im Kreis ... strecke die linke Hand nach links unten hin aus mit der Handinnenfläche nach unten und laß alles los ... halte die rechte Hand so vierzig, fünfzig Zentimeter vor Deine Augen und blicke in die Handfläche ... dann drehe Dich ... ... das Wichtige ist, daß Du's tust ...“

„Hm ... das heißt, Überlegen alleine reicht nicht ... Vorbilder zu haben alleine reicht auch nicht ... Tun ist wichtig ...“

„Ja. ... Sei Dir treu – das ist wichtig. Schaue nach Gott – das ist auch wichtig. ... Aber übe die Ekstase – über sie immer wieder ... die Übung verbindet das Innen mit dem Außen ...“

„Hm ... ja, das kann ich verstehen ... magst Du noch etwas sagen?“

„Das ist der Teil, den ich dazutue.“

„Danke.“

„Bitteschön.“

Ich kehre wieder zurück.

„Ho!“

X 22. Buddha

Auf den Wunsch von Christus hin habe ich noch eine Traumreise zu Buddha hinzugenommen.

„Buddha?“

„Ja?“

„Christus hat mir geraten, auch Dich zu fragen nach der Ekstase und der Einsgerichtetheit.“

...

„Und was möchtest Du wissen oder gezeigt bekommen?“

„Hm ... das, was allgemein wesentlich ist, und, falls es davon abweicht, das, was für mich wesentlich ist.“

„Das ist zumindest schon einmal eine gute Fragestellung. ... Was ist wesentlich? ... Wesentlich ist, daß Du da bist.“

„Hm ... ja ... ... gibt es noch etwas?“

„Alles andere liegt da drin – jede Erkenntnis, jede Fülle. ... Wenn Du wirklich da bist, kann all das da sein, was da ist. ... Wenn Du nicht da bist, wenn Du irgendwo in Deinen Vorstellungen bist, ist das, was da ist, zwar auch da, aber Du weißt nichts davon, Du erlebst es nicht.“

...

101

„Hm ... also, wenn ich nach dem Mandala der fünf Dhyani-Buddhas schaue, klingt das wie Buddha Amitabha."

„Ja ... der Buddha, der die Welt betrachtet, der da ist ... das ist das, was der tut ..."

„Hm ... hat es Sinn, hier über die fünf Dhyani-Buddhas zu sprechen?"

„Wenn Du es möchtest ..."

„Hm ... ja."

„Der zweite Buddha ist Buddha Amoghasiddhi, der Furchtlose. ... Wenn Amitabha die Einheit der Welt erkannt hat – das, was Deborah Dir erzählt hat: das Übereinstimmen des inneren Gesetzes und des äußeren Gesetzes, das Dharma in Dir und das Dharma in der Welt, Deine Seele und die Seele der Welt, daß die letztlich eins sind – dann gibt es keinen Grund mehr, etwas zu fürchten. Denn wenn Du im Einklang bist, dann geschieht das, was Deiner Wahrheit entspricht, denn dann zeigst Du Deine Wahrheit in jedem Augenblick – dann gibt es keine Furcht mehr."

„Hm ... und vorher hat man Furcht, weil man nicht weiß, was passiert und weil man versucht, sich anzupassen, und Dinge 'richtig' zu machen in der Hoffnung, daß es dann 'gut' wird."

„Ja – und dadurch wird es aber nicht gut, denn wenn Du versuchst, etwas zu machen, um etwas zu erreichen, und Dir dabei aber nicht treu bist, dann ist auch das Ergebnis Dir nicht treu, sondern anders als Du bist. ... Das wäre etwas, was man fürchten sollte ..."

„Hm ... das heißt, meine Furcht ruft das hervor, was ich fürchte. ... Und wenn ich mutig bin, aufrichtig, einfach bin, wer ich bin – dann bin ich im Einklang mit der Welt und dann gibt es keinen Grund mehr für Furcht."

...

„Das ist das Wesen von Buddha Amoghasiddhi."

„Hm ... hm ... das wird immer noch mal einen Schritt umfassender ... ... Und Buddha Akshobhya – der dritte Buddha? ... Hm ... also ... ja ... der, der mit der Spitze seines rechten Mittelfingers die Erde berührt?"

Amitabha ist der Buddha, der beide Hände ineinander in seinem Schoß liegen hat ... und Amoghasiddhi ist der Buddha, der die linke Hand erhebt und mit der Handinnenfläche nach vorne weist in der Geste 'Fürchte Dich nicht!'

„Und Akshobhya?"

...

„Der hat erkannt, daß sein inneres Gesetz identisch ist mit dem Gesetz der Welt ... daß er letztlich nicht getrennt ist von der Welt ... daß es nur ein Ding gibt und in diesem einen kann er sich als einzelnes Wesen erleben, aber wenn er wirklich wach ist, erlebt er sich z.B. als den Finger eines großen Wesens, das die ganze Welt ist. Oder, wenn Du ein anderes Bild benutzen willst: Er ist ein Haar auf dem Kopf des Urriesen und alle anderen Menschen sind irgendein anderes Haar auf dem Kopf dieses

Urriesen.

Alle Wesen sind verschiedene Teile, sie sind unterscheidbar – das auf jeden Fall – sie tun auch verschiedene Dinge und sehen verschieden aus, aber sie sind Teile ein-unddesselben großen Lebewesens ... Du kannst dieses Lebewesen auch Gott nennen oder das Nirvana – das ist egal, wenn Du erkennst, daß es da keine Trennung gibt."

...

„Hm ... und deshalb hat Akshobhya den Wunsch, daß es allen Wesen gut geht?"

„Ja ... Dein Kleiner Finger an Deiner linken Hand hat durchaus auch den Wunsch, daß es auch Deinem rechten Dicken Zeh gut geht, denn er empfindet den Schmerz an dem rechten Dicken Zeh zwar als Schmerz, der nicht an der Stelle ist, an der er selber ist, aber als Schmerz, der für ihn genauso bedeutsam ist wie ein Schmerz im linken Kleinen Finger – wenn er schmerzen würde.

Das Ganze kümmert sich darum, daß es dem Ganzen gut geht – und jeder Teil ist Teil des Ganzen und kümmert sich drum, daß es dem Ganzen gut geht. Das ist das, was einen Bodhisattva ausmacht. Buddha Akshobhya ist das Urbild der Bodhisatt-vas."

„Hm ... ich hab' da ja schon des öfteren drüber nachgedacht, aber so, wie Du es jetzt beschreibst, ist es noch deutlicher. ... Und die Ekstase – was hat die damit zu tun?"

„Die Ekstase ist automatisch da, wenn Du die Welt siehst, wie sie ist. Dann brauchst Du Dich nicht um die Ekstase zu kümmern. Und wenn Du ganz da bist und ganz Du selber bist, dann tust Du auch das, was Du bist, dann bist Du im Hier und Jetzt, dann bist Du einsgerichtet. Dann strahlt das Licht Deines Herzens durch Deine sechs äußeren Chakren bis in Deinen Körper, bis in Deine Handlungen."

...

„Es ist so schlicht, es ist so derartig schlicht, worum es geht."

„Ja, aber in seiner Tiefe nicht so einfach zu erfassen."

„Ja, das stimmt. ... Der vierte Buddha, der in der Mitte des Mandalas? ... Buddha Vairocana? ... Der mit seinen Händen vor seinem Herzchakra die Geste des Drehens des Rades der Lehre macht?"

„Das ist der, der lehrt, der zeigt, was er erkannt hat. Das ist das, was ich gerade tue – für Dich. Und das ist das, was Du mit Deinen Büchern tust. Es gibt viele Arten, soetwas zu machen – viele Menschen tun das. Sie lernen und lehren."

„Hm ... und was ist jetzt hier die Einsgerichtetheit?"

„Nicht die Methode, sondern das Thema der Lehre. ... Buddha lehrt die Einsgerich-tetheit."

...

„Hm ... ja ... dann ist da noch der fünfte Buddha, links ... auf der linken Seite des Mandalas ... Amitabha oben, Amoghasiddhi rechts, Akshobhya unten, Vairocana in der Mitte und dann als letzter Buddha Ratnasambhava, der die drei Juwelen schenkt:

Buddha selber, Buddhas Lehre und Buddhas Gemeinschaft – Buddha, Dharma und Sangha. Wo ist da die Einsgerichtetheit?"

Buddha lächelt und lacht leise vor sich hin ... und spricht: „Im Schenken."

...

„Im Schenken?"

„Wenn Du das, was wahr ist, verschenkst, entsteht eine bewußte Verbindung zu dem, dem Du es schenkst – das ist die Belohnung für den, der schenkt. ... Buddha ist da ganz egoistisch – dadurch, daß immer mehr Menschen sich erkennen, sie selber sind und wirklich da sind, sind immer mehr Menschen glücklich ... und weil Buddha mit allen verbunden ist, ist auch er glücklich. Deshalb sagt ja auch der Dalai Lama so nett, daß die Bodhisattvas die größten Egoisten überhaupt sind – und vor allem die effektivsten Egoisten ... weil sie erkannt haben, womit es ihnen gut geht, und weil sie gemerkt haben, daß es ihnen am besten geht, wenn es der ganzen Welt gut geht – daher helfen sie der ganzen Welt, daß es ihr auch gut geht."

...

„Das klingt sehr einfach, ja. ... Dabei bleiben sie aber sich selber immer treu, nicht wahr?"

„Ja. ... Sonst wäre es keine wahre Hilfe. ... Sonst wäre es das unabsichtliches Verleiten, auf Irrwege zu gehen."

...

„Hm ... das heißt, Buddha Ratnasambhava sollte ab und zu mal wieder Buddha Amitabha werden, sich einfach hinsetzen und schauen: Wer bin ich? Was ist das Leben?"

„Ja ... darin sollte er fest verankert sein."

...

„Hm ... Danke Buddha!"

„Bitte."

Ich kehre zurück.

„Ho!"

X 23. Sonnentanz (Afrika)

Der afrikanische Sonnentanz ist ein ekstatischer Tanz, der dem Finden der eigenen Seele dient.

„Hm ... wie kann ich an Informationen zum afrikanischen Sonnentanz kommen?"

...

„Reise einfach zu einem hin."

...

„Hm ... ich weiß jetzt garnicht, wer das gesagt hat ... ja ... gut ...“

... ...

„Hm ... da ist Wald ... Palmen, aber auch andere Bäume ... 'ne große Fläche, wo am Rand Hütten stehen ... da ist ein Platz in der Mitte ... hm, das ist nicht richtig Urwald, das liegt zwischen Urwald und Savanne, würde ich sagen ... hm ... ... ich sehe hier noch niemanden ...

... ...

... ...

... ...

Ich höre Trommeln ... ich sehe noch niemandem in dem Bild hier, aber ich höre Trommeln ... komisch, als würde ich hier sitzen und mich innerlich daran erinnern, wie das klingt ... dabei habe ich noch keinen afrikanischen Sonnentanz gehört ... oder gesehen ... das ist'n Vierviertel-Takt – zwei Viertelnoten und eine halbe Note ist der Grundrhythmus ... ...

Schaue ich mir eine Erinnerung dieses Ortes an???

„Ja.“

„Wer spricht da eigentlich? ... die Erde? ... hm ... hm, ja ... Kannst Du mir zeigen, was das Wesentliche ist an dem Sonnentanz?“

Oh ... jetzt sind auf einmal Menschen da ... auch Trommler ... ich bin mittendrin ... also, die tanzen ... manche stehen auch nur außen im Kreis ... die Trommler sind an einer Stelle in diesem Kreis ... ...

Ich hätte jetzt 'nen Kreistanz erwartet ... hier ist aber irgendwie ... ganz durcheinander ... irgendwie tanzt auch jeder, wie er will ...

Erde: „Es sind die Lieder, die den Tanz zum Sonnentanz machen.“

...

„Gibt es keine rituellen Teile? ... Es gibt doch die Kreistänze ... hier ist das ... da tanzt jeder, was er will ... was er ist ...“

Hm, irgendwie habe ich das Gefühl, das hat noch nicht so richtig Tiefe hier ...

„Dazu mußt Du selber tanzen.“

„O.k. ... Mein Krafttier oder meine Seele?“

„Fang mit dem Krafttier an – das ist immer einfacher.“

...

„Was möchtest Du, Wölfin?“

...

Sie bewegt sich erst mal ganz langsam ... kleine Bewegungen ... die Füße bewegen sich im Takt ... die Hände machen Gesten zur Erde hin ... leichtes Stampfen ... es sammelt sich Kraft im Hara ... teilweise kann ich erkennen, welche Krafttiere die anderen Tänzer haben – nicht so sehr an ihren Bewegungen, sondern ich sehe gleichzeitig mit den Tänzern das Tier – wie zwei überlagerte Bilder ... ich sehe eine Giraffe ... ein Nashorn ... einen Gorilla ... einen Löwe ... hm, das lenkt ab von mir selber ...

105

... ... Und wie finde ich wieder rein?

...

„Sagst Du mir, Erde, wenn ich etwas tun soll? Oder mich auf irgendwas ausrichten soll?"

„Laß Dich von Deiner Wölfin zu Deiner Seele führen."

... ...

„Ich sehe meine Schutzgottheit."

„Das ist gut."

...

Osiris sitzt da hinter den Trommlern auf einem Thron ... Osiris ist ungefähr doppelt so groß wie die Menschen ... und jetzt ist auch meine Seele da ... und meine Bewegungen ändern sich – sie gehen jetzt mehr von der Brust aus, nicht vom Hara ... vom Herzchakra ... die Arme und Hände machen mehr Bewegungen als vorher, fließendere Bewegungen ... viel Kraft im Bauch und Fliegen mit den Armen ...

Hm ... jetzt ändert sich was ... meine Seele erfüllt mich ... dieses Strahlen und ja, dieses Erfülltsein eben, diese Wärme ... die Bewegungen sind jetzt garnicht mehr afrikanisch, das ist jetzt wie ... wie ... durch Wasser schwimmen, aber ohne viel Bewegungen, aber ... wie Schweben oder Fliegen ...

„Das ist typisch für Deine Seele ... und für Dich."

... ...

„Erde?"

„Ja?"

„Irgendwie sieht das nicht nach einem afrikanischen Sonnentanz aus."

„Das hat afrikanische Elemente, aber für Dich müßte ein Sonnentanz so aussehen wie das, was Du hier erlebst, damit Du ihn gut tanzen kannst – der normale afrikanische Sonnentanz würde Dir schwerer fallen."

„Hm ... ... kannst Du mir etwas darüber sagen?"

...

„Das sind Kreistänze, das sind auch Einweihungstänze ... bei denen die, die das tanzen, angemalt werden ... ... teilweise stehen sie nebeneinander ... teilweise tanzen sie im Kreis ... die Tänze sind bei den verschiedenen Stämmen auch etwas verschieden ..."

„Ist das von Bedeutung?"

„Nein ... für Dich ist wichtig, daß Du weißt, wie Du tanzen mußt, damit Du Dir Deiner Seele bewußt wirst, damit sie Dich erfüllt ... so wie es gut ist, wenn Du weißt, wie Du meditieren mußt, damit Du Dich da wohlfühlst, damit Du zu Deiner Seele kommst."

...

„Hm ... hm ... also mein Krafttier bitten, daß es sich ... ja, daß es mich bewegt, sozusagen ... dem folgen ... meine Seele rufen ... schauen, ob meine Schutzgottheit

kommt ... und mich spontan bewegen ..."

Ich hab' jetzt das Bild, mich in den Schneidersitz hinzusetzen und einfach in die Stille zu gehen.

...

„Tanzen und Stille – das ist das, was Shiva Dir gesagt hat, nicht wahr?"

„Hm ... ja ..."

„Das ist Dein Weg."

„Gilt der auch für andere?"

„Auch für andere, aber natürlich nicht für alle ... wichtig ist, daß Du Deinen Weg kennst."

...

„Ja, gut."

... ...

„Danke, Wölfin, und Danke, meine Seele, und Dank Dir, Osiris, und Dir, Erde!"

„Bitte."

Ich kehre zurück.

„Ho!"

X 24. Sonnentanz (Indianer)

Der indianische Sonnentanz hat denselben Zweck wie der afrikanische Sonnentanz, aber in ihm werden zusätzlich Selbstverwundungen zur Erlangung der Einsgerichtetheit verwendet.

„Erde?"

„Kannst Du mir auch einen indianischen Sonnentanz zeigen?"

„Du weißt ja schon einiges über diese Tänze ... mit den Opferungen, mit den Pflökken, die man sich durch die Haut an der Brust oder am Rücken steckt, an denen man Büffelschädel hinter sich herzieht ... der Sonnenpfahl in der Mitte, der der Weltenbaum ist."

...

„Ja, die Dinge weiß ich."

...

„Das wäre nicht Dein Weg."

„Hm, das glaube ich auch."

„Deshalb ist er gerade nicht wichtig für Dich."

„Hm, ja gut ... und für andere, die mein Buch lesen?"

„Wenn es für sie wichtig ist, dann werden sie einen Weg dahin finden."

„Ja, o.k. ... Danke, Erde!"

„Bitteschön."
Ich kehre zurück.
„Ho!"

X 25. Zusammenfassung

Neben den vielen verschiedenen Stimmungen im Zusammenhang mit den Beschreibungen der Ekstase und den Anleitungen zum Erlangen der Einsgerichtetheit haben diese Traumreisen vor allem deutlich gemacht, daß die Einsgerichtetheit ein Aspekt einer viel umfassenderen Haltung ist.

Das Wesentliche ist, einfach da zu sein, aufrichtig zu sein, die Welt so zu sehen wie sie ist, und auch sich selber so zu sehen wie man ist. Nichts tun müssen, nichts erreichen müssen, sich nicht anstrengen, sich ins Hier und Jetzt hinein entspannen …

Die wichtigste Form der Ekstase ist die Einsgerichtetheit auf sich selber, die diese vollkommene Aufrichtigkeit ermöglicht. Dann braucht man nicht mehr zu grübeln und braucht sich nicht mehr an Gefühlen festzuhalten – dann kann man hemmungslos fühlen und hemmungslos denken und einfach das tun, was man ist. Dann kann man auch Trauer und Schmerz einfach fühlen und fließen lassen … und da sein.

Dafür braucht man Furchtlosigkeit. Diese erlangt man dadurch, daß man bei der Betrachtung der Welt erkennt, das das innere Gesetz, die innere Wahrheit ein Teil des äußeren Gesetzes, der äußeren Wahrheit ist – Innen und Außen stehen im Einklang miteinander. Das bedeutet, daß dann, wenn man sich selber treu ist, auch die Welt mit einem selber in Einklang steht.

Das führt wiederum dazu, daß man durch die Selbsttreue die Welt als Verbündeten erlangt – einsgerichtete Handlungen, die in der eigenen Wahrheit gründen, wirken nicht nur mit der eigenen einsgerichteten Kraft, sondern zu ihnen kommt die Kraft der Welt (Gott) hinzu, sodaß durch die Einsgerichtetheit Wunder bewirkt werden kann. Ekstase gestaltet das Geschehen, Ekstase bewirkt Magie.

Dieser Einklang von Innen und Außen läßt auch ein unerschütterliches Vertrauen in die Welt/Leben/Gott entstehen – selbst dann, wenn man ein Wunder bewirken will. Geborgenheit ermöglicht Ekstase – und Ekstase führt zur Geborgenheit … eine Nabelschnur zur Muttergöttin … wie in der Schwitzhütte. Durch das Erleben dieses Einklangs von Innen und Außen wird man furchtlos – man ruht in sich selber und in der Welt und man ist das, was man ist.

In der Ekstase führen Götter und Menschen ein Gespräch, das die Ereignisse gestaltet.

Wenn man auf die eigene Seele ausgerichtet ist, leuchtet die Seele in der eigenen Psyche und die Psyche beginnt zu strahlen.

Die heutige Kultur ist so komplex, daß eine Wachzustand-Fixierung entstanden ist, in der man ständig organisiert und koordiniert und fast nie ganz bei einer Sache ist – dadurch ist der natürliche Ekstase-Zustand im Handeln weitgehend verlorengegangen. Diese Gewohnheit der Nicht-Ekstase sollte wieder aufgelöst werden.

Die Ekstase ist das intensive, ganze Erleben des Augenblicks – die Verbindung mit der Welt. Dadurch entsteht in jedem Augenblick Fülle, denn man ist dann wirklich ganz da, wo man ist. Die Ekstase läßt eine Neugier auf die Vielfalt der Welt entstehen – ein kindlich-unbekümmertes Genießen … Dann wird Freude entstehen, dann wird man Spaß haben, dann kann man sich treu sein und sich zugleich endlos verwandeln …

Das, was man tut, entweder ganz tun oder es sein lassen … keine halbherzigen Handlungen und faulen Kompromisse … dann sind Sein und Tun dasselbe.

Ein effektiver Weg zur Erlangung einer Ekstase ist das Anrufen einer Gottheit, das in-sich-Hereinrufen einer Gottheit („Invokation") – insbesondere der eigenen Schutzgottheit, die der Ursprung der eigenen Seele ist. Dies ist ein einfacher Weg, da alle Götter einsgerichtet sind – und das Herstellen des Kontakts zu der eigenen Schutzgottheit ist am einfachsten, weil man bereits unbewußt mit ihr verbunden ist.

Wenn die eigene Essenz, die eigene Seele, die eigene Identität im Herzchakra unverzerrt durch die sechs äußeren Chakren nach außen strahlen kann und dabei schrittweise als Wunsch (Sonnengeflecht und Halschakra), dann als Plan (Hara und Drittes Auge) und schließlich als Kontakt (Wurzelchakra und Scheitelchakra) nach außen in die eigene Haltung und Handlung gelangt, entsteht Ekstase. Dann erlebt man seine sieben Chakren als einen strahlenden Vajra, als einen strahlenden inneren Halt, als ein intensives Ich-Sein, als eine Sonne mit zwei gleißende Strahlen – einer nach oben hin und einer nach unten hin.

Diese umfassende Ekstase ist mit dem Erwachen der Kundalini verbunden.

Ein weiterer einfacher Weg zur Ekstase ist es, das eigene Krafttier zu tanzen und sich zu der eigenen Seele führen zu lassen – dann wird auch die eigene Schutzgottheit erscheinen.

Eine guter Ekstase-Weg ist der Tanz, dann die innere Stille, die zum Erleben der Geborgenheit führt, die wiederum das Strahlen entstehen läßt – Tanzen und dann Stille.

In den meisten Fällen ist der einfachste Weg zu einer Ekstase eine Einsgerichtetheit, die sich mit einem Rhythmus verbindet, der längere Zeit über anhält.

Es ist hilfreich, Menschen zu erleben, die die Ekstase erlangen können, und ihren Zustand zu spüren und dann ihre Handlungen und ihren Zustand nachzuahmen. Auf diese Weise erreicht man einen ersten Kontakt und kann dann nach und nach den eigenen Stil finden und effektiv in dem Erreichen der Ekstase werden. Und auch bei der Ekstase ist Üben das, was weiterführt – aber wenn man einmal eine Ekstase erlebt hat, wird man sie immer wieder erreichen wollen … daher ist in diesem Fall kaum Übungs-Disziplin nötig …

XI   eigene Erfahrungen

Die sicherste aller Informationsquellen ist stets die eigenen Erfahrung. Daher sind im Folgenden einige meiner eigenen Erfahrungen mit Ekstase beschrieben – sie haben mich letztlich dazu bewegt, dieses Buch zu schreiben, um das Wesen der Ekstase genauer zu erforschen.

XI 1.   hohe Einsgerichtetheit

Es gibt bei den Ekstasen sehr verschiedene Intensitäten. Das hängt zum einen davon ab, was einsgerichtet wird (im Hier und Jetzt sein, die ganze Psyche, Anrufung einer Gottheit usw.). Zum anderen gibt es die Annäherung an die Einsgerichtetheit und schließlich das Erreichen der Einsgerichtetheit – man könnte dies auch als eine Steigerung der Konzentration bis hin zur Einsgerichtetheit beschreiben.

XI 1. a)   Fixierungen

Wie vermutlich die meisten Menschen habe ich auch einige Gefühle erlebt, die meine Psyche zeitweilig überschwemmt haben und mich dadurch in eine Fixierung auf eben dieses Gefühl gebracht haben. Dazu zählen/zählten bei mir Angst vor Verlassenwerden, vor Armut und vor (eigener) Aggression.
Manche drohenden Fixierungen habe ich auch schnell erkannt und abwenden können wie die Sucht, am PC Spiele zu spielen.

XI 1. b)   Heilungen von Fixierungen

Derartige Fixierungen lassen sich glücklicherweise heilen. Meine Angst vor Aggressionen, die mit einer Verdrängung meiner eigenen Aggressionen verbunden war, sind dadurch geheilt worden, daß ich zehn Jahre lang mit einem Mann in einer GbR zusammengearbeitet habe, der mich derart gepeinigt hat, daß ich mehrmals zusammengebrochen bin. Ich habe aber einen solchen „niveauvollen" Peiniger gebraucht, damit ich schließlich innerhalb eines Monats ein Dutzend Wutanfälle bekommen habe, durch die ich meine verdrängte Aggression wieder integriert habe, sodaß ich schließlich ganz souverän und gelassen mit der Aggression von anderen umgehen konnte.

Bis zu diesem Zeitpunkt hat es in meinem Leben immer jemanden gegeben, der mich physisch oder psychisch verprügelt hat. Das ist seit der Integration meiner Aggressionen vorbei – solche Menschen gibt es in meinem Leben seitdem nicht mehr, weil ich nicht mehr diese „Angst vor Aggressionen"-Fixierung habe, die vorher für solche Peiniger als Einladung gewirkt hat.

XI 1. c)   Ekstasen

Ich habe des öfteren kleinere Ekstasen erlebt. Ein großer Teil dieser Ekstasen ist durch Tanzen und Musik-Spielen entstanden. Bei einigen dieser Gelegenheiten hat es einen spirituellen Rahmen gegeben, aber nicht bei allen.

Bei einer Kurs bei der Schoschonen-Schamanin Francesca Boring habe ich zusammen mit einigen anderen für ein Ritual getrommelt und dabei ohne darüber nachzudenken die Leitung übernommen. Vom ersten Augenblick an war der „Drive" da – das Trommeln war erfüllt, es hatte eine Spannung und einen Inhalt und es hat sich nach und nach immer mehr gesteigert und mich/uns erfüllt und eingehüllt.

Ein anderes Mal hat mich ein Bekannter gefragt, wie das Anrufen einer Kraft durch Trommeln funktioniert. Da habe ich eine seiner Djemben genommen und zu Trommeln begonnen – auch bei dieser Gelegenheit war die Kraft sofort da. Anscheinend gibt es Situationen, in denen es richtig ist, daß ich trommle, weil ich in diesen Situationen überhaupt nichts dafür tun muß, daß die Ekstase entsteht.

Bei einem Rainbow-Camp haben wir einmal abends Feuer angezündet und getrommelt und getanzt – ca. ein Dutzend Trommler und ungefähr fünfzig Tänzer. Bei diesem Tanz meldete sich auch meine Wölfin in mir und „hat mich getanzt". Dabei fing sie innerlich ein mir unbekanntes Lied an zu singen in dem indianischen Geisterlied-Stil mit vielen „hey"s und „ho"s. Dann habe ich dieses Lied auch laut gesungen und nach und nach haben es auch andere mitgesungen, bis schließlich fast alle Tänzer und Trommler das Wolfs-Lied gesungen haben. Dabei ist dieses erfüllende Getragen-werden von dem Rhythmus der Bewegungen, der Trommeln und des Gesangs entstanden, das für eine Ekstase typisch ist.

Beim Singen des Shiva-Mantras „Shiva shambo" gerate ich sehr oft in eine leichte Ekstase – dieser Zugang ist für mich sehr einfach. Das passiert mir manchmal auch mit dem Mantra „Ma Yin Bo sei", das sich an Buddha Avalokiteshvara, also an den Buddha der Liebe richtet.

Erstaunlicherweise ist der Psalter (ein mittelalterliches Streichinstrument) für mich ein Instrument, daß mich geradezu in eine leichte Ekstase hineinzieht – die „stehende Welle" in der Melodie entsteht fast jedesmal und trägt mich, sodaß ich mit ihr mitfließen kann.

Dasselbe Erlebnis kenne ich auch mit der Kalimba (ein afrikanisches Instrument), auf dem Klavier, auf der akutische Gitarre und auf der E-Gitarre. Bei diesen Instrumenten tritt dieser Effekt jedoch deutlich seltener auf.

Eine spezielle Form der Ekstase kenne ich vom Spielen auf meiner keltischen Harfe. Ab und zu bitte ich die Seele eines Menschen, der bei mir ist, meine Finger zu führen und für den anderen zu spielen, woraufhin ich in Stimmungen und Tonfolgen spiele, die ich vorher noch nie gespielt habe und die der andere in der Regel auch gleich als „sein Lied" erkennt. Diese Methode ist sozusagen eine „musikalische Familienaufstellung".

Schließlich habe ich noch einige Male erlebt, das ich beim improvisierten Singen in einen leicht ekstatischen Zustand gekommen bin. Am intensivsten war dies in der Walfahrtskirche von Oelde bei Gütersloh. Dort habe ich einmal auf dem Weg zu einer Freundin gesessen und habe auf einmal den Impuls bekommen zu singen. Ich habe gewartet bis die Kirche leer war und bin dann aufgestanden, habe meine Arme zum Altarraum hin erhoben, mich auf Gott ausgerichtet und dann an ihn gesungen. Schon nach kurzer Zeit hat mein Singen eine Eigendynamik bekommen und wurde immer kreativer. Als dann Leute in Kirche kamen, hat mich das überhaupt nicht gestört – was ziemlich untypisch für mich ist. Ich bin sozusagen in meinem Gesang, in meinem Gespräch mit Gott dahingeströmt.

Ich kenne auch Ekstasen, die nichts mit Musik zu tun haben wie z.B. das „runners high" beim Joggen. Diese Ekstase erreicht bei mir jedoch keine allzugroße große Tiefe – da habe ich bei anderen schon weit Intensiveres gesehen.

Noch eine andere Form der Ekstase entsteht bei mir durch die innere Stille, das Beenden aller Gedanken, Gefühle und Bilder. Auch dieser Zustand, in dem nur noch das Bewußtsein da ist, das sich seiner selber gewahr ist, stabilisiert sich nach kurzer Zeit genauso wie das Schwingen in der Musik-Ekstase.

Schließlich habe ich einmal erlebt, daß bei der Umarmung mit einer Frau, die ich noch garnicht lange kannte, bei uns beiden spontan die Kundalini erwacht ist und längere Zeit als eine Woge der Hitze durch uns durchgeströmt ist.

XI 2. Einsgerichtetheit mit „Nebenwirkungen"

Es gibt auch Ekstasen mit Nebenwirkungen. So bin ich z.B. bei meinem ersten Orgasmus ohnmächtig geworden – damals wußte ich noch nichts über diese körperlichen Vorgänge.

Einige Jahre später habe ich, nachdem ich das erste Mal inniger mit einer Frau zusammengewesen bin, in der anschließenden Nacht eine Astralreise erlebt, bei der ich die meiste Zeit in dieser Nacht unter der Zimmerdecke geschwebt bin und mich gewundert habe.

Eine heftige Angst-Ekstase habe ich erlebt, nachdem ich das erste mal zusammen mit meinem damaligen Zauberlehrer um Mitternacht an einem Kreuzweg im Wald einen Dämon beschworen habe und das ziemlich gut geklappt hat. Als wir uns dann anschließend in der Stadt getrennt habe, habe ich ernsthaft Mühe gehabt, nicht in Panik zu geraten. Ich bin daraufhin solange jeden Tag zu dem Kreuzweg in dem Wald gegangen, bis ich dort in Ruhe schlafen konnte. Auf diese Weise habe ich erfahren, was eine Angst-Fixierung ist und wie man mit Angst umgehen kann.

Bei einer Beschwörung des Pan, ebenfalls mit meinem Zauberlehrer, haben wir einmal Pan im Wald Flöte spielen hören – auch bei dieser Gelegenheit hat es nicht im Geringsten an der Einsgerichtetheit gemangelt ...

Ich habe zwei Jahre in einem „Hexenhaus" am Waldrand ohne Wasser, Strom und Adresse gewohnt. Eines Nachts, als ich nach Hause gekommen war und eine Kerze angezündet hatte, habe ich den Drang gespürt, auf meinen Congas zu spielen. Es war sofort ein Rhythmus da – ein 5/4-Takt. Bis dahin hatte ich noch nie einen solchen Takt gespielt. Beim Trommeln kam eine derartige Energie auf und der ganze Raum begann sich mit einer Präsenz zu füllen, die ich nicht erkennen und einordnen konnte, daß ich das Spielen abgebrochen und sicherheitshalber erst einmal zum Schutz einen Bannkreis gezogen habe.

Weitere Erlebnisse, die zumindestens von leichten Ekstasen begleitet waren, sind meine ersten Traumreise-Begegnungen mit meiner Wölfin und mit meiner Seele gewesen.

Auch bei vielen Ritualen bin ich in eine leichte Trance geraten. Am intensivsten habe ich das bei der Weihung von einer Reihe von Talismanen erlebt, bei denen ich die Planeten angerufen habe. Bei einem dieser Rituale bin ich plötzlich „aufgewacht" – ich habe offenbar eine ganze Zeit lang mit halberhobenen Armen vor dem Altar gestanden und habe nichts mehr mitbekommen. In diesem Fall ist die Ekstase leider unbewußt geworden, weil mein Wachbewußtsein die Intensität der Ekstase nicht mehr integrieren konnte.

Manche Einsgerichtetheiten sind sehr unauffällig, aber haben eine große Wirkung. So habe ich mir einmal aus tiefstem Herzen gewünscht, eine Freundin zu finden, mit der ich mich einfach wortlos von Herz zu Herz verstehe – eine halbe Stunde später saß ich ihr im Zug gegenüber, der dank des Orkans Lothar stundenlang auf der Strecke feststeckte, sodaß wir ausreichend Zeit hatten, um uns kennenzulernen.

Bei einer anderen Gelegenheit bin ich durch die Kanaren-Insel La Palma zum Strand gewandert und habe mir eine Halskette gewünscht – golden und mit einem Symbol, das das ausrückt, was ich bin. Als ich dann am Strand auf einen Felsen saß, kam eine hohe Welle, die bis zu mir hinaufschäumte. Da sah ich zwischen meinen

Füßen etwas Goldenes blitzen und habe zugefaßt – es war eine goldene Kette mit einem Christus mit erhobenen Armen.

Einige Jahre später habe ich in einer Krise das Gefühl gehabt, daß ich alles loslassen muß, um weitergehen zu können. Bei dieser Gelegenheit habe ich auch die Christus-Kette zusammen mit einer Drachen-Kette auf einem gepflasterten Kreisverkehr-Insel auf einer Kreuzung vor einen der hohen Steine am Rand dieses Kreisels gelegt und gesagt, daß sie für denjenigen sind, für den sie bestimmt sind. Dieser Kreisel war der Fußgänger-Überweg auf dieser Kreuzung. Einige Monate später bin ich noch einmal mit etwas Wehmut über die verlorenen Ketten zu diesem Kreisel gegangen und habe mich vor den Stein gehockt, vor den ich sie gelegt hatte – sie waren natürlich nicht mehr da. Dann habe ich mich kurz umgeschaut und noch einmal vor den Stein geblickt – und plötzlich lagen die beiden Ketten wieder dort vor dem Stein. Da habe ich sie wieder angezogen.

Eine effektive Einsgerichtetheit muß offenbar nicht anstrengend sein, sondern kann auch „wie nebenher" geschehen.

XI 3.   Einsgerichtetheit mit verändertem Bewußtsein

Schließlich gibt es noch die intensiveren Ekstasen, die man als ein deutlich verändertes Bewußtsein erlebt.

Ich habe jahrelang sowohl die spirituellen Weltbilder erforscht als auch das wissenschaftlichen Weltbild – insbesondere Physik und Astronomie. Das brachte das Problem mit sich, daß ich zwei Weltbilder hatte, die sich zunächst einmal nicht kombinieren ließen und auch völlig unterschiedliche Regeln und Handlungsmöglichkeiten enthielten. Beim Schreiben meines Buches „Blüten des Lebensbaumes" habe ich dann plötzlich schlagartig erkannt, daß Gott in der Religion der Raumzeit in der Physik entspricht und daß „Gott" der Name für die Innenseite der Welt und daß „Raumzeit" der Name für die Außenseite der Welt ist. Gott ist das umfassende Bewußtsein, von dem mein Bewußtsein ein kleiner Teil ist – und aus der Raumzeit entstehen durch ihre „Krümmungen" (Strukturen) die Energiequanten und aus diesen die Elementarteilchen, aus denen die ganze Materie einschließlich meines Körpers besteht. In diesem Augenblick ist in mir eine unbeschreibliche Freude entstanden – eine Ekstase der Klarheit.

Ich habe längere Zeit Herzmeditationen geübt. Als ich diese Meditationen der Liebe zu mir selber mit meiner Liebe zu meiner Schutzgottheit Osiris und mit meiner Liebe zu einer damaligen Freundin verbunden habe, ist in meinem Herzen eine Freude entstanden, die mich regelrecht überflutet hat. Anfangs konnte ich diese Freude nur zwei, drei Sekunden lang aushalten – sie war einfach viel zu intensiv. Nach und nach habe ich wie ein Gefäß in mir entwickelt, das diese Freude auch längere Zeit fassen und ertragen und schließlich auch entspannt genießen konnte.

Schließlich gibt es noch die intensivste aller Ekstasen, die ich bisher erlebt habe. Ich bin während meiner Zivildienstzeit im Winter eine gute Stunde lang bis zu dem Altersheim gefahren, in dem ich auf der Pflegestation gearbeitet habe. Es war in diesem Winter derartig kalt, daß ich immer wieder trotz meiner Fellhandschuhe eisige Hände bekommen habe. Da habe ich mir gedacht, daß es, wenn die Magie wirklich was taugt, doch eine Feuermeditation geben müßte, mit der ich mich warmhalten kann. Also habe ich mir beim Einatmen vorgestellt, Feuer aus der Erde oder aus den Motoren der vorbeifahrenden Autos zu holen und diese Hitze dann beim Ausatmen in meine Hände zu lenken. Dabei habe ich sowohl beim Einatmen als auch beim Ausatmen innerlich „Feuer" gesprochen. Zusätzlich habe ich meinen Atem noch mit meinem Treten der Fahrrad-Pedale gekoppelt.

Zum einen hat diese Meditation dazu geführt, daß meine Hände deutlich wärmer blieben, aber zum anderen nach zwei Wochen auch dazu, daß ich aus meinem normalen Wachzustand „aufgewacht" bin. Dieser Zustand hat sich genauso klar vom normalen Wachbewußtsein unterschieden wie sich das Träumen vom Wachen unterscheidet. Es war ein Erfülltsein, eine innere Wärme, ein Lächeln, ein ganz-Ich-sein, das Gefühl, das alles genau so, wie es ist, richtig ist, ein Fließen … grundlos glücklich.

Schon nach kurzer Zeit habe ich nur noch ein, zwei Minuten auf dem Fahrrad gebraucht, um in diesen Zustand zu kommen – auch als es dann Frühling geworden war und ich ohne Handschuhe gefahren bin. Nach einigen Monaten habe ich dann etwas Heftiges erlebt. Ich näherte mich gerade einer Kreuzung, als ich ein Bewußtsein vor mir wahrgenommen habe, das mir gesagt hat, daß ich springen soll. Gleichzeitig hatte ich das Gefühl, daß sich vor mir ein bodenloser Abgrund auftat – alles natürlich nur innerlich. Da bin ich in Panik geraten und bin losgeradelt und habe Gott und die Welt verflucht (was sonst nicht meine Art ist), nur um wieder auf „festen Boden" zu kommen.

Danach war es mir jahrelang unmöglich, wieder in dieses Erwachen zu gelangen. Ich habe dann damit begonnen, diesen Zustand zu erforschen, und habe erkannt, daß ich alle wesentlichen Elemente der tibetischen Tummo-Meditation benutzt habe, um in ihn zu gelangen. Auch diesen Abgrund habe ich nach einiger Zeit in der Literatur wiedergefunden – er ist der Übergang von dem Bereich der Seelen zu dem Bereich der Gottheiten und wird in dem kabbalistischen Lebensbaum sogar „Abgrund" genannt. Er findet sich in einigen religiösen Weltbildern (Islam u.a.) auch als Schlucht zwischen der Welt und dem Paradies bzw. zwischen dem Diesseits und dem Jenseits.

Mithilfe des Lebensbaumes ist es mir möglich gewesen, die Stellung dieses Abgrundes innerhalb von verschiedenen Systemen besser zu verstehen. Ich habe mich dann noch einmal etwas gründlicher in die kernphysikalisch-astronomische Kosmologie eingearbeitet, um herauszufinden, welche Strukturen dort diesem Abgrund entsprechen: Dies ist eine Tabelle, in der dargestellt wird, auf welche Weise sich jedes Teilchen in jedes andere verwandeln kann (Matrix der SO3-Smmetrie). Daraus habe ich mir dann eine Meditation abgeleitet, um meine Angst vor diesem Abgrund aufzulösen: Ich habe mich in ein Mandala aus Feuer (Stärke), Wasser (Liebe), Luft (Wahrheit) und Erde (Gedeihen) gesetzt und dann in meiner Vorstellung jedes dieser vier Elemente in die drei anderen verwandelt – aus Wahrheit entsteht Stärke, Liebe und Gedeihen, aus Liebe entsteht Stärke, Wahrheit und Gedeihen usw. Auf diese Weise ist es mir schließlich gelungen, meine Angst vor dieser Auflösung jeglicher Form aufzulösen. Jenseits dieses Abgrundes findet man seine Identität in seiner eigenen Qualität statt wie zuvor in seiner Abgrenzung nach außen.

Im tibetischen Buddhismus wird das Problem, dem ich bei meiner Feuer-Meditation begegnet bin, ausführlich dargestellt: Wenn man eine der vier Eigenschaften eines Erleuchteten, also grenzenlosen Gleichmut, grenzenlose Liebe, grenzenloses Mitgefühl und grenzenlose Freude, in ihrer ganzen Tiefe erlebt, ohne darauf vorbereitet zu sein, wird man von Entsetzen gepackt. Dies liegt daran, daß sich diese vier grenzenlosen Eigenschaften eben in dem Bereich der Grenzeinlosigkeit jenseits des Abgrundes befinden. Das bedeutet jedoch, daß man, wenn dorthin gelangt, alles sieht, was ist – es ist nichts mehr durch Grenzen verborgen wie auf der anderen Seite des Abgrundes, auf der man sich normalerweise befindet. Und es ist für den unvorbereiteten Geist nicht zu ertragen, auf einmal alles, was es gibt, zu sehen und zu fühlen. Daher erscheinen die vier Eigenschaften eines Erleuchteten dem, der sie unvorbereitet erlebt, als die „rasenden und bluttrinkenden Gottheiten", die auf manchen tibetischen Bildern dargestellt werden.

Diese Erfahrung hat mir gezeigt, daß es zum einen sehr viel mehr zu entdecken und zu erleben gibt, als man normalerweise auch nur zu hören bekommt, und zum anderen, daß es in diesen Erlebnismöglichkeiten Regeln und Gesetzmäßigkeiten gibt, deren Kenntnis recht nützlich sein kann, wenn man sich auf den Weg in diese Bereiche macht.

Nebenher zeigt dieses Erlebnis auch, daß es mehrere Stufen der Ekstase gibt:

- die Einsgerichtetheit auf das „im Hier und Jetzt sein",
- die Einsgerichtetheit auf ein Thema,
- die Einsgerichtetheit auf die eigene Seele,
- die Einsgerichtetheit auf eine Gottheit und
- die Einsgerichtetheit auf Gott.

Diese fünf Stufen der Ekstase integrieren einen immer größeren Bereich in die Einsgerichtetheit bzw. man integriert sich selber in immer größere Bereiche, wodurch auch die Ekstase selber eine andere Qualität erhält: eine normale Konzentration ist anders als das Schwingen beim Trommeln und dieses ist wieder anderes als die

Einsgerichtetheit auf die eigene Seele bei der Herzmeditation. Der Übergang zu der Gottheiten-Ekstase, bei der man nicht nur die Psyche auf eine Gottheit ausrichtet, sondern die eigenen Grenzen zu der Gottheit hin auflöst, ist sehr deutlich, wie das oben geschilderte „Abgrund-Erlebnis" zeigt.

Zwischen diesen fünf Ekstase-Stufen, die in sich ruhen und stabil sind, gibt es Steigerungen wie z.B. die zunehmende Konzentration der Psyche, die schließlich zu der Einsgerichtetheit auf die Seele führt.

Platt gesagt ist Ekstase nicht gleich Ekstase – es gibt sowohl verschiedene Ekstase-Themen als auch verschieden Intensitätsgrade der Ekstase, die von der Größe des Bereiches, der einsgerichtet worden ist, abhängen.

XII Wirkungen der Ekstase

Die Ekstase ist vor allem ein intensives Erleben, da sie auf nur ein einziges Thema ausgerichtet ist und somit die gesamte Kapazität der Sinne und des Psyche dieses eine Thema wahrnehmen.

Der Zustand der Ekstase selber ist von Freude, Lust, Glück, Erfülltsein und einem mühelosen Ruhen in der eigenen Identität geprägt – ein Strahlen des eigenen Herzchakras.

Der Übergang vom normalen Wachzustand zu einem intensiven Ekstase-Zustand ist wie ein nochmaliges Erwachen.

Das Ekstase-Bewußtsein stabilisiert sich selber wie jeder andere Bewußtseinszustand auch. Dadurch entsteht das Gefühl des Getragenwerdens, der Eigendynamik, des Fließens und des Schwingens.

Schließlich verbindet die Ekstase das Ekstase-Thema erst mit der gesamten Psyche, dann mit der Seele, und wenn sich die Ekstase noch weiter steigert, mit einer Gottheit, und schließlich mit Gott. Durch das Einbeziehen der ganzen Psyche beginnt die Ekstase magisch zu wirken (Telepathie, Lenkung des Zufalls) und schließlich, wenn sie auch den Kontakt zu einer Gottheit miteinbezieht, auch „außergewöhnliche Magie“, also Wunder (Materialisationen, Verwandlungen) hervorzurufen.

Es gibt auch ganz pragmatische Anwendungsmöglichkeiten der Ekstase. So hat z.B. mein Sohn herausgefunden, daß er, wenn er erst in den Zustand der Gedankenstille geht und dann von dort aus z.B. zwei Seiten Vokabeln lernt, er diese innerhalb von zwei Minuten auswendig kann.

Wenn man dann noch die Bedeutung der Ekstase für die Wirksamkeit der Magie hinzunimmt, hat die Ekstase auch allerlei praktische „Nebenwirkungen“.

XIII von der Fixierung zur Ekstase

Wenn man damit beginnt, sich in intensivere angenehme Ekstasen zu versetzen, besteht eine recht große Wahrscheinlichkeit, daß früher oder später auch die unangenehmen Einsgerichtetheiten in der Psyche, also die Fixierungen, auftauchen. In der Regel wird man sie bereits kennen – eine Neigung zu Verlustängsten, Panikattacken, Süchten, Machtstreben, Arroganz u.ä.

Um zu intensiveren Ekstasen zu gelangen, könnte es daher notwendig werden, diese Fixierungen aufzulösen. Das ist natürlich weit einfacher gesagt als getan – vor allem, wenn diese Fixierung aus einem Trauma heraus entstanden sein sollten. Im Groben kann man sagen, daß es notwendig sein wird, die in der Fixierung bzw. in dem Trauma gefangenen Gefühle erneut zu fühlen und sich dabei aber nicht von diesen Gefühlen überschwemmen zu lassen, sondern mit seinen Füßen fest auf dem Boden stehen zu bleiben.

Möglicherweise braucht man bei der Auflösung dieser Fixierungen und Traumata auch Hilfe von anderen, die einem dabei helfen, die innere Bilderwelt, die von diesen Fixierungen und Traumata geprägt worden ist, wieder zu dem ursprünglichen, heilen Zustand zurück-umzubauen.

Dafür braucht man den Mut, ganz man selber zu sein, das Risiko des Lebens einzugehen, ins Unbekannte aufzubrechen und im Fühlen, Denken und Handeln vollkommen aufrichtig zu werden.

Dann kann die eigene Identität wieder in Wünschen erstrahlen, deren Verwirklichung vom Verstand unterstützt wird, sodaß man schließlich das Hier und Jetzt wieder in seiner ganzen Intensität erlebt werden kann – die natürliche Ekstase.

Die genauere Beschreibung der Möglichkeiten für diese Form der Heilung würde allerdings den Rahmen dieses Buches bei weitem übersteigen.

XIV   die „Voll-Ekstase"

Durch die bisherigen Betrachtungen der Ekstase stellt sich eine Frage: Gibt es die „maximale Ekstase"? Gibt es eine „vollständige Ekstase"? Gibt es eine Ekstase, die das gesamte Wesen eines Menschen umfaßt?

Zwei Dinge lassen sich dazu recht schnell sagen:

1. Eine solche „Voll-Ekstase" müßte alle sieben Chakren in einer Weise umfassen, durch die sie alle gemeinsam in demselben Rhythmus schwingen.

2. Eine solche „Voll-Ekstase" müßte auch alle vier Bewußtseinsformen miteinander koordinieren – was mit dem gemeinsamen Rhythmus der sieben Chakren weitgehend identisch ist, da der Tiefschlaf an das Herzchakra gekoppelt ist, der Traumzustand an das Sonnengeflecht und das Halschakra, der Wachzustand an das Hara und das Dritte Auge und der Ekstasezustand an das Wurzelchakra und an das Scheitelchakra.

Es stellt sich eine weitere Frage zu dieser „Voll-Ekstase":

1. Ist zum Erreichen der „Voll-Ekstase" auch die Anrufung einer Gottheit und das sich-dieser-Gottheit-Öffnen notwendig?

Zur Methode gibt es zumindestens drei mögliche Ansätze:

1. Das Anstreben der „Voll-Ekstase" durch das Erwecken der Kundalini – dieser Ansatz geht von dem freien Fluß der Lebenskraft im Körper aus.

2. Das Anstreben der „Voll-Ekstase" durch eine Herzmeditation – dieser Ansatz geht von der Seele im Herzchakra als der Quelle der Psyche aus.

3. Das Anstreben der „Voll-Ekstase" durch die Anrufung einer Gottheit – dieser Ansatz geht von dem Einschwingen auf die Einsgerichtetheit einer Gottheit aus.

Der tibetische Yogi Milarepa, der in der Tradition der nordindischen Mahasiddhis wie Tilopa und Naropa steht, empfiehlt mit der Erweckung der Kundalini zu beginnen.

Möglicherweise gibt es auch mehrere Wege – das ist am wahrscheinlichsten, da die Welt bekanntermaßen recht bunt und vielfältig ist. Es wäre recht praktisch, eine Übersicht über diese Wege und Möglichkeiten zu haben – am besten in der Form einer Landkarte, mit deren Hilfe man sich orientieren und erkennen kann, wo man sich befindet.

XIV 1.   Die „Leiter der Ekstase"

Zunächst einmal gibt es vier Ansatzpunkte zum Entwerfen einer solchen Ekstase-Landkarte:

1. die vier Bewußtseinszustände (Tiefschlaf, Traum, Wachen, Ekstase),

2. die sieben Chakren, in denen die vier Bewußtseinszustände enthalten sind,

3. die Landkarte der Gefühle (siehe Kapitel „VI 1."),

4. die fünf Stufen der Ekstase und ihre Zwischenzustände (siehe Kapitel „XI 3.).

Die fünf Stufen der Ekstase sind von dem kabbalistischen Lebensbaum abgeleitet, der aber zu komplex ist, um hier ausführlicher erläutert zu werden. Auf ihm wird das Bewußtsein in Abhängigkeit von dem Bereich, den es erfaßt, in fünf Stufen dargestellt: 1. Körper, 2. Psyche, 3. Seele, 4. Gottheit und 5. Gott.

Wenn die Qualität des Bewußtseins von dem Bereich abhängt, den dieses Bewußtsein umfaßt, gibt es in diesen fünf Bereichen notwendigerweise auch verschiedene Ekstasen, die dadurch entstehen, daß alle Inhalte des betreffenden Bereichs miteinander koordiniert, d.h. einsgerichtet werden.

Aus diesem Ansatz ergibt sich schon einmal eine grundlegende „fünfsprossige Leiter der Ekstase", die eine recht gute Arbeitshypothese ist, da sie auf einer sehr schlichten Überlegung beruht.

Diese „Leiter der Ekstase" sieht wie folgt aus:

die „Leiter der Ekstase"	
Bereich	**Ekstase**
Gott	einsgerichtet auf Gott
Gottheit	einsgerichtet auf eine Gottheit
Seele	einsgerichtet auf die eigene Seele
Psyche	einsgerichtet auf ein Thema
Körper	einsgerichtet auf das Hier und Jetzt

Zwischen diesen fünf Formen der Ekstase gibt es Übergänge, Annäherung an den „nächsten Level der Ekstase":

Der Übergang zwischen Körper und Psyche entsteht durch die zunehmende Konzentration auf ein Thema. Dieser Übergang wird auf dem kabbalistischen Lebensbaum „Schwelle" genannt.

Der Übergang zwischen Psyche und Seele entsteht durch die Suche nach der eigenen Seele durch Traumreisen, Meditationen, Sonnentänze u.ä. Dieser Übergang wird auf dem kabbalistischen Lebensbaum „Graben" genannt.

Der Übergang zwischen der Seele und der Gottheit entsteht durch die Suche nach den früheren Inkarnationen der eigenen Seele und nach dem Ursprung der eigenen Seele – dabei wird man der Schlucht begegnen, die ich bei der Schilderung meiner eigenen Ekstase-Erlebnisse beschrieben habe. Dieser Übergang wird auf dem kabbalistischen Lebensbaum „Abgrund" genannt.

Der Übergang zwischen der Gottheit und Gott entsteht durch die Suche nach der Einheit der Welt, nach der Quelle aller Dinge – dafür kann man Traumreisen zu Gott oder auch die Stille-Meditation benutzen. Dieser Übergang wird auf dem kabbalistischen Lebensbaum „Erste Ursache" genannt.

Da die Bereiche, die in die eigene Ekstase integriert werden, bzw. in die man das eigene Bewußtsein selber hineinintegriert, immer größer werden, werden auch die Übergänge immer grundlegender und die Klüfte, die man dabei überquert, immer tiefer.
Die „Leiter der Ekstase" genannte Arbeitshypothese läßt sich nun durch die vier Übergänge erweitern:

die „Leiter der Ekstase"			
Bereich	*Ekstase*	*Übergang*	*Erweiterung*
Gott	einsgerichtet auf Gott		
		„Erste Ursache"	Suche nach Gott
Gottheit	einsgerichtet auf eine Gottheit		
		„Abgrund"	Suche nach der Schutzgottheit
Seele	einsgerichtet auf die eigene Seele		
		„Graben"	Suche nach der Seele
Psyche	einsgerichtet auf ein Thema		
		„Schwelle"	zunehmende Konzentration
Körper	einsgerichtet auf das Hier und Jetzt		

Man kann nun versuchen, die drei anderen Systeme in diese „Leiter der Ekstase" zu integrieren: die sieben Chakren, die vier Bewußtseinszustände und die „Landkarte der Gefühle".

Die „Landkarte der Gefühle" ist offenbar ein Bestandteil des Bereiches der Psyche. Sie beschreibt die Einsgerichtetheit auf die eigene Seele bzw. auf den heilen Teil der eigenen Psyche, sowie die sechs möglichen Abweichungen, die zu einer Fixierung auf einen unangenehmen Zustand und somit zu einer leidvollen Ekstase führen. Alle diese Gefühlsmöglichkeiten sind Vorgänge innerhalb der Psyche, sodaß man sie als eine untergeordnete Landkarte im Bereich der Psyche auffassen kann. Die Einsgerichtetheit auf das eigene Herzchakra ist ein Element aus dieser Landkarte der Gefühle", das zu dem Graben gehört, da dieser der Übergang zu der eigenen Seele ist.

Die Landkarte der Gefühle läßt sich wie folgt in die „Leiter der Ekstase" integrieren (sie ist *kursiv* gedruckt):

die „Leiter der Ekstase"				
Bereich	Ekstase	Übergang	Erweiterung	Landkarte der Gefühle
Gott	einsgerichtet auf Gott			
		„Erste Ursache"	Suche nach Gott	
Gottheit	einsgerichtet auf eine Gottheit			
		„Abgrund"	Suche nach der Schutzgottheit	
Seele	einsgerichtet auf die eigene Seele			
		„Graben"	Suche nach der Seele	Herzchakra-Ekstase
Psyche	einsgerichtet auf ein Thema			die sechs Irrwege
		„Schwelle"	zunehmende Konzentration	
Körper	einsgerichtet auf das Hier und Jetzt			

Das Herzchakra und daher auch der Tiefschlaf gehören zu der Seele.

Der Traumzustand und daher auch das Sonnengeflecht und das Halschakra gehören zu der Psyche.

Das Wachbewußtsein und daher auch das Hara und das Dritte Auge entsprechen dem normalen Wachbewußtsein, das sich im Hier und Jetzt im Körper findet.

Der Ekstasezustand gehört zu dem Wurzelchakra und zu dem Scheitelchakra, die jedoch zunächst einmal keinen festen Ort auf dieser „Leiter der Ekstase" haben – aber das Thema des gesamten Schaubildes sind.

Aus der Kombination aller bisherigen Überlegungen ergibt sich das folgende Schaubild:

124

die „Leiter der Ekstase"						
Bereich	Ekstase	Über-gang	Erweiterung	Landkarte der Gefühle	Chakren	Be-wußt-sein
Gott	einsgerichtet auf Gott					
		„Erste Ursache"	Suche nach Gott			
Gottheit	einsgerichtet auf eine Gottheit					
		„Ab-grund"	Suche nach der Schutzgottheit			
Seele	einsgerichtet auf die eigene Seele				Herzchakra	Tief-schlaf
		„Graben"	Suche nach der Seele	Herzchakra-Ekstase		
Psyche	einsgerichtet auf ein Thema			die sechs Irrwege	Sonnen-geflecht, Halschakra	Traum
		„Schwel-le"	zunehmende Konzentration			
Körper	einsgerichtet auf das Hier und Jetzt				Hara, Drit-tes Auge	Wa-chen

Man kann diese „Leiter der Ekstase" noch um einen weiteren, sehr praktischen Aspekt ergänzen:

Die Einsgerichtetheit im Hier und Jetzt ermöglicht ein intensives Erleben, eine Einsgerichtetheit in der Psyche ermöglicht die „normale Magie" (Telepathie, Zufalls-Lenkung u.ä.) und eine Einsgerichtetheit im Bereich der Gottheiten ermöglicht die „außergewöhnliche Magie" (Materialisierungen, Verwandlungen u.ä.).

Die Einsgerichtetheit im Bereich der Seele ermöglicht keine neue Form der Magie, aber sie läßt eine sinnvolle Ausrichtung der Magie entstehen, da diese von der Seele gelenkt wird.

Die „Leiter der Ekstase" kann somit noch einmal erweitert werden:

die „Leiter der Ekstase"							
Be-reich	Ekstase	Über-gang	Erweite-rung	Landkar-te der Gefühle	Chakren	Be-wußt-sein	Magie
Gott	einsgerichtet auf Gott						
		„Erste Ursache"	Suche nach Gott				
Gott-heit	einsgerichtet auf eine Gottheit						*außerge-wöhnliche Magie*
		„Ab-grund"	Suche nach der Schutz-gottheit				
Seele	einsgerichtet auf die eigene Seele				Herz-chakra	Tief-schlaf	*Koordina-tion der Magie*
		„Gra-ben"	Suche nach der Seele	*Herz-chakra-Ekstase*			
Psy-che	einsgerichtet auf ein Thema			*die sechs Irrwege*	Sonnenge-flecht, Halschakra	*Traum*	*normale Magie*
		„Schwel-le"	zunehmende Konzen-tration				
Kör-per	einsgerichtet auf das Hier und Jetzt				Hara, Drit-tes Auge	*Wa-chen*	*intensives Erleben*

XIV 2.   Die fünf Sprossen der „Leiter der Ekstase"

Die Absicht dieses Kapitels ist es, die „Voll-Ekstase" zu ergründen. Die „Leiter der Ekstase" zeigt, daß es mindestens fünf grundlegend verschiedene Niveaus der Ekstase gibt, die jeder für sich stabil werden können und die man daher daher „vollständig erreichen" kann.

XIV 2. a)   Hier und Jetzt

Das „ganz im Hier und Jetzt sein" ist die Grundform der Ekstase – man ist da, wo man ist, und erlebt das, was da gerade ist. Diese Form der Einsgerichtetheit ist am einfachsten zu erreichen. Diese Form der Ekstase ist keinesfalls unbedeutend und kann zu tiefgehenden Erlebnissen führen.

Ich bin einmal bei einem Spaziergang durch den Wald in diesen Zustand gekommen und habe auf einmal einen Grashalm wirklich ganz wahrgenommen. Ich habe mich vor ihn auf die Erde gekniet und ihn angeschaut und war ganz ergriffen von seinem Anblick – ich hatte das Gefühl, die Lebenskraft in ihm zu spüren und ich konnte mir in diesem Augenblick nichts Schöneres vorstellen als diesen Grashalm.

Bei einer anderen Gelegenheit habe ich ganz in der Nähe von dem eben genannten Ort Wiesenschaumkraut gefunden und bin wieder ganz ergriffen von ihnen gewesen. Ich habe mich neben sie gehockt und meine Hand neben die Blüten gehalten und ihnen gesagt, wie schön ich sie finde. Da habe ich auf einmal Visionen von Blumen gehabt, von einem Meer von Blüten in allen Farben und Formen – es war überwältigend! Ein ganzes Jahr lang brauchte ich nur an dieses Wiesenschaumkraut zu denken und sofort kamen die Blütenvisionen wieder.

(Falls bei dieser Schilderung ein bestimmter Verdacht aufkommen sollte: Ich habe keinerlei Drogen genommen – diese Erlebnisse brauchen keine chemischen Hilfsmittel …)

XIV 2. b)   ein Thema

Die „Einsgerichtetheit auf ein Thema" kann ein Spiel sein, eine konzentrierte Arbeit oder ein längeres Joggen, aber auch eine Mantra-Meditation, eine Stille-Meditation, ein Ritual, ein Feuer-Lauf, ein Liebesspiel und noch vieles andere mehr.

Diese Form der Einsgerichtetheit kann zum „Erwachen" führen, zu dem Zustand des Schwingens, des Erfülltseins, der Wärme, des Strahlens.

Diese Art der Ekstase kenne ich von der Feuer-Meditation beim Fahrradfahren im Winter, wie weiter oben geschildert worden ist.

Diese Form der Ekstase kann verschiedene Intensitäten haben, aber wenn das „Erwachen" auftritt, ist man in der Ekstase „angekommen" und sie ist stabil geworden. Man kann dann durchaus noch mit dem Fahrrad durch den morgendlichen Berufsverkehr fahren ohne aus dieser Ekstase herauszufallen. Ob in diesem Zustand ein Gespräch möglich wäre, weiß ich nicht – vermutlich würde das zu sehr den Wachzustand betonen. Zumindestens ist dieser Zustand immer recht schnell verblaßt, wenn ich mit der Arbeit im Altenheim begonnen habe. Nachdem ich diesen Zustand jedoch erst einmal erreicht hatte, bin ich auch durch andere Meditationen in diesen Zustand gelangt.

Bei meinen Meditationen über meine Seele oder meine Schutzgottheit tritt vor allem die grundlose Freude auf, die ebenfalls für die Dauer der Meditation stabil werden kann. Bei der Stille-Meditation entsteht ein entspanntes Einfach-da-sein – auch dieser Zustand wird nach einer Weile stabil.

Ich habe auch eine zeitlang eine Meditation ausprobiert, bei der ich einfach nur gleißend weißes Licht von Gott in mich herabfließen lassen habe. Diese Meditation wird in den indischen Upanishaden „die Himmelskuh melken" genannt. Die Wirkung ist ähnlich wie bei der Stille-Meditation, nur liegt in dem durch diese Meditation erzeugten Ekstase-Zustand mehr Kraft, mehr Halt und eine wachere Form der Präsenz.

Durch die Einsgerichtetheit auf ein Thema treten also verschiedene Formen der Ekstase auf, die nach einer Weile stabil werden und die sich durch die Art und Weise, wie man diese Ekstase erlebt, unterscheiden – es können verschiedene Gefühle im Vordergrund stehen.

XIV 2. c)   die Seele

Die „Einsgerichtetheit auf die eigene Seele" ist zunächst einmal eine Sonderform der „Einsgerichtetheit auf ein Thema", bei der dieses Thema die eigene Seele ist. Doch wenn man bei der Meditation, in dem Ritual oder auf der Traumreise der eigenen Seele und zusammen mit ihr evtl. auch noch dem eigenen Krafttier, der Kraftpflanze und dem Kraftstein begegnet, hat dieses Erlebnis noch eine andere Qualität – ein nach-Hause-kommen, ein bis in die tiefsten Wurzeln gehendes „Ja" und ein tiefes Glück.

Die Richtigkeit, die ich dabei empfinde, ist dieselbe wie bei der „Fahrrad-Feuer-Meditation", aber das Glück ist sozusagen persönlicher, weil ich meine Seele vor mir oder in mir sehe – die Quelle von allem, was ich bin. Durch diese Ekstase entsteht ein intensives und müheloses Strahlen.

XIV 2. d)   eine Gottheit

Die „Einsgerichtetheit auf eine Gottheit" ruft nach meinen Erfahrungen eine tiefe Liebe und zugleich Glück hervor, die einfach da sind und strahlen. Auch dieser Zustand wird nach einer Weile stabil. Es ist ganz deutlich das Herzchakra, das bei dieser Meditation zu glühen beginnt und das das Glück „erzeugt". Die Freude bei der Stille-Meditation kommt hingegen von den drei oberen Chakren.

XIV 2. e)   Gott

Die „Einsgerichtetheit auf Gott" habe ich noch nicht oft erlebt – bei dem schon beschriebenen „Herabrufen des Lichtes" und bei einigen Traumreisen zu Gott. Dabei entsteht, wie schon erwähnt, eine größere Kraft, eine wacherer Präsenz und eine vollkommene Gelassenheit – in Gott gibt es nur noch Gott, nur „Eins", nur gleißend weißes Licht. Dort braucht man nichts mehr zu tun – und man hat auch nur sehr wenig Lust, sich von dort aus wieder auf den Weg zurück in die normale Welt zu machen.

XIV 2. f)   Zusammenfassung

Diese Betrachtungen zeigen, daß es nicht nur eine einzige „Voll-Ekstase" gibt, sondern mindestens fünf verschiedene auf den fünf „Sprossen" der „Leiter der Ekstase".
Zudem hängt die „Farbe" einer Ekstase auch noch davon ab, auf welche Weise man in diese Ekstase gelangt ist und welches Thema sie hat.
Weiterhin scheint eine bestimmte Ekstase wie z.B. die „Einsgerichtetheit auf die eigene Seele" weitgehend unabhängig davon sein, wie man zu ihr gelangt (Traumreise, Ritual, Meditation), da die Methode lediglich die Intensität und die anfängliche Intensität der Ekstase beeinflußt, aber nicht die grundsätzliche „Färbung" dieser Ekstase.

XIV 3.   Chakren und Kundalini

Aus den Erfahrungsberichten im vorigen Kapitel ergibt sich, daß bestimmte Ekstasen mit bestimmten Chakren zusammenhängen – die Seelen-Ekstase mit dem Herzchakra, die Freude-Ekstasen mit den drei oberen Chakren und die Lust-Ekstasen mit den drei unteren Chakren.

Die Anfangs-Überlegung zu der „Voll-Ekstase" ist u.a. die Vermutung gewesen, daß es eine Ekstase gegen müßte, bei der alle sieben Chakren aktiv sind. Man wird davon ausgehen können, daß die sieben Chakren dafür weitestgehend von Blockaden frei sein müssen. Das bedeutet wiederum, daß dann auch die Kundalini frei fließen kann, die durch derartige Blockaden am Fließen gehindert wird. Das bedeutet weiterhin, daß dann auch das Strahlen des Herzchakras ungehindert (weil die Blockaden aufgelöst worden sind) durch die drei äußeren Chakren-Paare nach außen in die Haltung und Handlung des Betreffenden gelangt und dabei von den drei Chakren-Paaren konkretisiert wird: Identität => Wunsch => Plan => Kontakt.

Die „Voll-Ekstase" aller Chakren beinhaltet somit sowohl das ungehinderte Strahlen des Herzchakras als auch das ungehinderte Fließen der Kundalini. Das bedeutet wiederum, daß man sowohl die Herzmeditationen als auch die Kundalini-Erweckung als Mittel benutzen kann, um zur „Voll-Ekstase" aller sieben Chakren zu gelangen.

Vermutlich ist es sinnvoll, zwischen der Ekstase eines Chakras und der Wahrnehmung eines Chakras zu unterscheiden.

Es ist durchaus möglich, die Seelen-Ekstase zu erlangen, ohne das das Herzchakra bewußt aktiv ist. Umgekehrt ist auch möglich, z.B. durch Atemübungen das „in Liebe Aufglühen" des Herzchakras zu erleben, ohne in einen veränderten Bewußtseinszustand, also in die Seelen-Ekstase zu geraten.

Dasselbe gilt auch für das Wurzelchakra – nicht bei jedem ekstatischen Liebesspiel beginnt das Wurzelchakra zu glühen, und nicht bei jedem Aufglühen des Wurzelchakras in der Meditation entsteht eine Lust-Ekstase.

Allerdings ist auch schon die Wahrnehmung eines Chakras als Hitze, Glühen, Prikkeln, Kreisen usw. ein Genuß, der ein Gefühl von Richtigkeit vermittelt.

Bei einer länger anhaltenden Ekstase kann auch das direkte Erleben des Chakras hinzukommen. Ebenso ist es auch möglich, durch eine längere Meditation, die zu dem Erleben eines Chakras (Glühen o.ä.) führt, in einen Ekstase-Zustand zu geraten.

Die Wahrnehmung eines Chakras ist also mit der Ekstase dieses Chakras zwar nicht untrennbar gekoppelt, aber doch so stark verbunden, daß man das eine als Tor zu dem anderen benutzen kann.

Somit gäbe es nun schon drei Ansatzpunkte für das Erlangen der „Voll-Ekstase" der sieben Chakren: die Herzmeditation, die Erweckung der Kundalini und die Meditationen u.ä., die zu der Wahrnehmung eines Chakras führen.

Da die Chakren die Organe des Lebenskraftkörpers sind und der Lebenskraftkörper weitestgehend mit der Psyche identisch ist, sind die Chakren auch die Organe der Psyche.

Dadurch ergibt sich ein vierter Ansatz zum Erlangen der „Voll-Ekstase" der sieben Chakren: Wenn man alle „Knoten" in der eigenen Psyche auflöst, löst man auch alle

Blockaden in den Chakren auf – wenn jedoch alle Chakren blockadenfrei sind, kann die Kundalini frei fließen, das Herzchakra ungehindert strahlen und die „Voll-Ekstase" der sieben Chakren zu schwingen beginnen.

Wenn man eine andere Methode benutzt wie z.B. die Erweckung der Kundalini, wird die Kundalini bei ihrem Aufstieg durch die sieben Chakren an diese Blockaden in den Chakren stoßen, sodaß diese dann bewußt werden und erst einmal geheilt werden müssen, bevor die Kundalini weiter aufsteigen kann.

XIV 4.   Die stehende Welle

Das Wort „Chakra" bedeutet „Rad, Kreis, Diskus". Dieses Wort wurde für die Organe des Lebenskraftkörpers gewählt, weil man die Chakren, wenn sie erwacht sind, als ein Drehen wahrnimmt.

Dieses Drehen paßt zu dem Bild der stehenden Welle – beides ist ein sowohl ein bewegter als auch ein stabiler Zustand.

Ein bewegt-stabiler Kreis erinnert an den Tierkreis, der ebenfalls sowohl Bewegung als auch Stabilität ist.

zwölfteilige stehende Welle:

Tierkreis /
Heisenberg'sche Spin-Kette
(Superstring)

Ein solcher Kreis findet sich auch noch an einer anderen, sehr wesentlichen Stelle: In der heutigen Physik werden alle Elementarteilchen und alle Energiequanten, also die gesamte Substanz und Energie der Welt, mithilfe von Superstrings beschrieben.

So einen Superstring kann man sich vereinfacht gesagt als eine Saite („string") vorstellen, die jedoch kreisförmig gespannt ist und als stehende Welle schwingt. Das kleinste aller Superstrings ist die sogenannte „Heisenberg'sche Spinkette", die zwölf Schwingungen hat, also zwölf Wellenberge/Wellentäler und dazwischen zwölf ruhende Punkte.

Der einfachste Superstring hat also genau denselben Aufbau wie der Tierkreis – und auch wie das Herzchakra im Zentrum des Chakrensystems, das als sich drehender, zwölfblättriger Lotus dargestellt wird.

131

Man darf hier sicherlich den begründeten Anfangsverdacht haben, daß es zwischen dem Tierkreis, den Superstrings und dem Herzchakra einen Zusammenhang gibt. Auch die zwölf Akupunktur-Meridiane werden zu dieser Kette von Analogien gehören.

Anscheinend ist die stehende Welle, also das Schwingen eines Gegenstandes, der in einem Rahmen eingespannt ist wie eine Saite, das Grundmodell für einen stabilen und zugleich bewegten Zustand.

Da auch die Ekstase ein bewegter Zustand ist, der in eine Schwingung geraten kann, die sich selber stabilisiert, kann man zumindestens vermuten, daß auch die Ekstasen solche zwölfgeteilten stehenden Wellen sind.

Man kann nun natürlich fragen, ob sich das irgendwie nachweisen läßt und ob das, wenn man es nachweisen kann, auch einen praktischen Nutzen hat. Nun, das weiß ein Forscher immer erst hinterher …

Das Herzchakra ist das zentrale Chakra und die Quelle des Chakrensystems – bei einem Embryo läßt sich im EEG als erstes der zu dem Herzchakra gehörende Tiefschlaf feststellen

In den Meditationen des tibetischen Buddhismus werden alle Inhalte des gesamten Chakrensystems letztlich in das Herzchakra hinein aufgelöst. Dem tibetischen Totenbuch zufolge löst sich nach dem Tod die gesamte Psyche in die Seele im Herzchakra hinein auf.

Das Leben beginnt also mit dem Herzchakra, ruht im Herzchakra und löst sich beim Tod wieder in das Herzchakra hinein auf. Das zeigt, daß das Herzchakra das Zentrum des Lebens ist, was vermuten läßt, daß auch die Zwölferteilung des Herzchakras von Bedeutung ist.

Möglicherweise gibt es sogar einen direkten Zusammenhang zwischen den zwölf Blütenblättern des Herzchakras eines Menschen und dem zwölfteiligen Tierkreis, das der Rahmen des Horoskopes des betreffenden Menschen ist. Wenn das zutreffen sollte, würde das Horoskop bei der Geburt sozusagen auf die zwölf Blütenblätter des Herzchakras geschrieben werden. Das Zentrum des Herzchakras wäre dann die Seele und die zwölf Blütenblätter des Herzchakras das Horoskop.

Dieses Bild ist zwar zunächst einmal recht plausibel und es hat auch einen „lyrischen Touch", aber es hilft noch nicht für das Verstehen der Ekstasen weiter. Man kann lediglich zu den bisherigen Betrachtungen noch den Umstand hinzunehmen, daß die Bejahung des eigenen Horoskopes eine wesentliche Voraussetzung für die Auflösung der eventuellen Blockaden in der eigenen Psyche ist – solange man etwas anderes sein will als man ist, wird man Probleme haben … auch mit dem Erlangen von Ekstasen.

Diese Betrachtungen über die stehende Welle passen zwar zu den bisherigen

Überlegungen und Ergebnissen, aber sie führen zunächst einmal noch nicht weiter, da von der Ekstase keine zwölfteilige Struktur bekannt ist.

XIV 5. Traumreisen

An Punkten, an denen man nicht mehr weiterweiß, könnten ein paar Traumreisen hilfreich sein – möglicherweise kann man ja „von denen da oben" ein paar Tipps erhalten, wo man weitersuchen sollte.

Für die Frage nach der Bedeutung der zwölfteiligen stehenden Welle für die Ekstase und allgemeiner für die Frage nach der „Voll-Ekstase" der sieben Chakren sind im Folgenden Shiva, Dhyaus, die Sonne und der Panther-Schamane ausgewählt worden:

1. Shiva, weil er ein Gott der Ekstase ist;

2. Dhyaus, weil er der Sonnengott-Göttervater der Indogermanen ist, die die Chakren recht gründlich erforscht haben und die Tradition der Schamanen in der frühen Jungsteinzeit in Mesopotamien fortgeführt haben;

3.die Panther-Schamanen aus der frühen Jungsteinzeit, die zumindestens die Kundalini gut gekannt haben; und schließlich

4. die Sonne, weil sie im Zentrum des Tierkreises steht und weil das Herz-chakra auch das Sonnenchakra ist.

XIV 5. a) Shiva

„Shiva ... kannst Du mir etwas zu diesem Konzept der 'vollständigen Ekstase' sagen? ... Ob das ... ja ... sinnvoll ist? ... Also die Vorstellung, daß es eine Ekstase gibt, bei der alle Chakren aktiv sind? Bei der das Herzchakra leuchtet, die Kundalini fließt, man sein eigenes Horoskop bejaht ... ja ... und in Selbstliebe ruht ... und handelt ..."

„Erleuchtet?"

„Naja ... das ist der größtmögliche Zustand des Heilseins, den ich mir gerade so denken kann ... jedenfalls wenn man das Heilsein auf einen einzelnen Menschen beschränkt. ... Gibt es diesen Zustand?"

„Natürlich."

„Hm ... wie kommt man dahin?"

„Tanz und Meditation."

„Ein bestimmter Tanz?"

„Auf jeden Fall rhythmisch."

...

„Und Meditation?"

„Fang mit der Kundalini an – das ist am direktesten und am unkompliziertesten."

„Und die Herzmeditation?"

...

„Funktioniert auch, aber es besteht die Gefahr, daß Du in Deine Qualität gehst, in Deine Seele, in Deine Mitte, wieder rausgeworfen wirst, wieder reingehst, wieder rausgeworfen wirst ... das ist eine Methode für Menschen mit starkem Willen – die einfach sagen 'Ich will jetzt ich sein!' und sich dann mit allem auseinandersetzen, was sie aus sich selber rauswerfen will."

„Und bei der Kundalini-Meditation?"

„Da gehst Du nicht aus von dem aus, was Du bist, sondern Du bewegst Dich und stößt auf die Hindernisse und dann siehst Du das Hindernis und dann mußt Du Du selber werden, um das Hindernis auflösen zu können. Diese Dynamik ist anders."

„Hm ... mir scheint, daß es dabei hilfreich wäre, ab und zu zum Herzchakra zu gehen und sich selber zu erleben?"

„Deine Seele zu kennen ist auf jeden Fall ein großer Vorteil, wenn Du Kundalini-Meditationen machst. Dann ist es einfacher, den Kurs beizubehalten."

„Hm ... diese Dynamik kenne ich, wenn ich Herzmeditationen mache ... irgendwas passiert im Außen, dann haut's mich da raus und ich hab' zu tun, bis ich das wieder hergestellt habe – das dauert manchmal, ja, ein paar Wochen ... zwei, drei Wochen ... es geht auch schon mal schneller ... das ist mühsam ... Und das ist bei Kundalini-Meditationen anders?"

„Es ist direkter, Du siehst die Hindernisse klarer: Du versuchst zu gehen und stößt auf das Hindernis ... da ist dann keine Frage da – Du willst Dich bewegen und da ist das Hindernis ... Wenn Du die Herzmeditation machst und irgendwas passiert, was Dich da raushaut, bist zumindestens Du so gestrickt, daß Du dann Selbstzweifel kriegst. Und das nimmt Dir die Kraft."

„Hm ... das leuchtet mir ein, ja. ... Hm ... welche Kundalini-Meditation ... ja ... findest Du generell gut und welche würdest Du mir empfehlen?"

„Generell ... kann man nicht so einfach sagen ... Konzentration auf das Wurzelchakra ist auf jeden Fall sinnvoll, den Atem und die Imagination zu benutzen und Mantren ebenfalls ... aber das sind ja die Elemente, die bei allen derartigen Meditationen von Bedeutung sind."

...

„Und würdest Du sagen, daß ich eine bestimmte Variante benutzen sollte, weil die bei mir sinnvoll ist?"

...

„Du solltest auf jeden Fall Tanz benutzen und am besten auch noch Mantren singen. ... Schau mal, wie es ist, wenn Du ein Mantra singst und Dich dabei auf Dein Wurzelchakra konzentrierst."

„Hm ... zum Beispiel das 'Shiva shambo'-Mantra?"

„Zum Beispiel."

...

„Hilfst Du mir dabei?"

„Ich helfe immer soviel, wie der, der um Hilfe fragt, annehmen kann."

„Hm ... o.k. ... kann man das üben?"

„Durch Übung erweitert sich Dein Fassungsvermögen."

...

„Hm ... ja ... das paßt ja zu all dem, was ich schon auf den früheren Traumreisen gehört habe. ... Ich hab' noch eine Frage: Mir ist das aufgefallen mit den zwölf Blütenblättern des Herzchakras, den zwölf Tierkreiszeichen und der zwölfteiligen Superstrings ... ja, und daß mir die Ekstase wie eine stehende Welle vorkommt."

„Ja, das, was Du bei den Fixierungen und bei den Ängsten und bei den Depressionen festgestellt hast, daß das Kreise von Bildern und Gefühlen sind und von Vorstellungen, Ängsten und Lösungsstrategien, die immer im Kreis laufen – das ist ein generelles Prinzip in der Psyche: Dinge laufen kreisförmig und werden dadurch stabil – sowohl die unangenehmen Dinge wie die angenehmen Dinge."

...

„Hm ... hm ... ja, das versteh' ich ... der Kreislauf ist die Form, in der Bewegung und Stabilität gleichzeitig sind, in der Bewegung stabil wird .. da im Leben alles fließt, ist der Kreislauf das stabile Element."

...

„Ja, und es (das Kreislauf-Element) sollte bei Bedarf weiterentwickelt werden."

...

„Hm ... das heißt, dieser sich wiederholende Rhythmus ist das, was die Ekstase stabil macht."

„Ja."

„Hat die Zwölferteilung irgendeine praktische Bedeutung für das Erlangen und das Stabilisieren von Ekstasen?"

...

„Es hat eine Bedeutung, aber keine, um die Du Dich zu kümmern brauchst."

...

„Heißt das, daß diese ... ja, Kreislauf-Prozesse in der Psyche, in der Lebenskraft, in den Chakren zwölfteilig sind, aber daß das jetzt nicht heißt, daß das zwölf verschiedene Bewußtseinsinhalte sein müssen?"

„Das stimmt schon mal so."

„Also ein Mantra mit zwölf Worten wäre ein bißchen unsinnig."

„Ja."

135

...
„Hm ... gibt es denn da noch etwas, was Du mir sagen könntest?"
...
„Übe ... übe viel."
...
„Ja ... ja, das ist auch eine der Grundregeln des Golden Dawn gewesen: 'Invoke often', 'rufe oft die Gottheit an'."
...
„Das ist dasselbe, ja."
„Danke, Shiva!"
„Bitte."
Ich kehre zurück.
„Ho!"

XIV 5. b) Dhyaus

„Dhyaus?"
„Gibt es etwas, was Du mir noch zu der Ekstase sagen kannst? Zu diesem Konzept der 'Voll-Ekstase'?"
...
Ein tiefer Seufzer ...
... ...
„Nichts Neues – nichts, was über das, was Du schon gehört hast, hinausgeht. ... Die Kundalini ist ein guter Ansatz."
„Ja, gut ... Danke Dhyaus!"
„Bitte."
Ich kehre zurück.
„Ho!"

XIV 5. c) Panther-Schamane

„Panther-Schamane? Kannst Du mir noch etwas zu der 'Voll-Ekstase' sagen?"
„Kundalini ist gut."
„Hm ... sonst noch etwas?"
„Nein."
„Danke."

„Bitte – und übe!!!"

...

„Ja ... o.k."
Ich kehre zurück.
„Ho!"

XIV 5. d) Sonne

„Sonne?"
„Ja?"
„Kannst Du mir etwas sagen ... zu dieser vollständigen Ekstase, bei der alle Chakren aktiv sind?"

...

„Es ist ein bißchen technisch gedacht, alle Chakren aktiv haben zu wollen. Das ist so ähnlich als wenn Du sagen würdest, Du möchtest erleben können, wie alle Deine Organe gleichzeitig gesund sind. Es ist natürlich gut, wenn alle Organe gleichzeitig gesund sind, aber das Wesentliche ist nicht, daß Du erlebst, wie die Organe gesund sind, sondern daß Du mit Deinen gesunden Organen, mit Deinem gesundem Körper erlebst, daß Du das tust, was Du tun willst. Ekstase besteht nicht darin, das System intakt zu halten, sondern darin, einsgerichtet das zu tun, was Du tun willst."

... ...

„Ja ... hm ... ja ... Danke, Sonne! ... Das war sehr klar!"
„Bitteschön."
Ich kehre zurück.
„Ho!"

XIV 5. e) Zusammenfassung

Nun, die Sonne hat es sehr klar gesagt: Es geht nicht darum, eine „Voll-Ekstase" zu erreichen, bei der alle Chakren aktiv sind, sondern es geht darum, einsgerichtet das zu tun, was man tun will. Fertig.

XV   Warum Ekstase?

Aus den Betrachtungen in diesem Buch ergeben sich vor allem drei Gründe, eine Ekstase anzustreben:

In der Ekstase ist das Erleben des Hier und Jetzt am intensivsten.

In der Ekstase ist ein intensiver Kontakt mit der eigenen Seele und mit den Gottheiten möglich.

In der normalen Ekstase ist die „normale Magie" möglich und in der Gottheiten-Ekstase ist die „außergewöhnliche Magie" möglich.

Diese drei Dinge dürften im allgemeinen ausreichen, um das eigene Leben deutlich zu bereichern.

XVI   Ekstase

Die folgenden Verse sind eine kurze lyrische Zusammenfassung der Betrachtungen in diesem Buch.

Ekstase

Sei da – und tue oder tue nicht,
dann entstehen Freude, Lust und Glück;
intensiv und ganz im Schatten und im Licht –
dann blickst Du nie bedauernd zurück.

Auf das Wesentliche einsgerichtet,
um das Hier und Jetzt ganz zu erleben;
auf das Sonnenchakra ausgerichtet,
nach Ekstase will ich kraftvoll streben!

Tiefer Schlaf und Traum und klares Wachen
und die Ekstase werde ich in mir verbinden:
Ich will die helle Glut im Herz entfachen
und das Strahlen in mir selber finden.

Ich will meine Kundalini wecken,
Süchte, Ängste, Scham und Wut auflösen;
mich nach meiner Seele in mir recken,
und mich von der Dunkelheit erlösen.

Ich bin vom Leben und von Mutter Erde ganz umhüllt
ich bin wie ein Kind in ihr geborgen;
ich bin wie die Sonne von mir selbst erfüllt,
ich kann fließen, brauch' mich nicht zu sorgen.

Ich tanz' und laß' mein eig'nes Lied erklingen,
bis ich vom Rhythmus ganz erfüllt getragen werde;
ich werde trommeln und schwingen und singen,
ich kreise unter der Sonne, ruhe auf der Erde.

Meine Seele strahlt von innen her nach außen –
direkt und aufrecht, furchtlos, freudig, frei;
Mein Licht strahlt immer unverzerrt nach draußen,
ich bin mir treu – und das Verstecken ist vorbei.

Das Gesetz der Seele, das Gesetz der Welt
ist beides eins und ein Gespräch, ein leises,
der Götter mit mir, das Magie enthält –
ein Fließen und Schwingen des Kreises.